Bärbel Mohr

Reklamationen beim Universum

Bärbel Mohr

Reklamationen
beim Universum

Nachhilfe
in Wunscherfüllung

Omega-Verlag

Bibliographische Information der Deutschen Bibliothek

Die Deutsche Bibliothek verzeichnet diese Publikation in
der Deutschen Nationalbibliografie;
detaillierte bibliografische Daten sind im Internet über
http://dnb.ddb.de abrufbar.

9. Auflage Oktober 2004

Copyright© 2001 by Omega-Verlag

Covergestaltung: LifeArts Design Roland Rocke, Berlin

Satz und Gestaltung: Martin Meier

Druck: FINIDR, ℞ s. r. o., Český Těšín, Tschechische Republik

***Omega*®**-Verlag, Gisela Bongart und Martin Meier (GbR)

D-52080 Aachen • Karlstr. 32
Tel: 0241-168 163 0 • Fax: 0241-168 163 3
e-mail: info@omega-verlag.de

Inhalt

Vorwort

Liebe Leser,

seit ich vor fünf Jahren *Bestellungen beim Universum* für eigentlich nur eine kleine Gruppe von Menschen geschrieben habe, die es anfangs nur in kopierter Form erwerben konnten, hat sich viel getan. Ich wundere mich immer noch über die Lawine „der Besteller beim Universum" und bin fasziniert, was sich daraus ergeben hat. Das Buch hat mir viele Erkenntnisse gebracht. Und auch das Vertiefungsbuch *Der kosmische Bestellservice* hat mir durch viel Leserfeedback – das ich durch Briefe, auf Seminaren und bei Vorträgen bekomme – gezeigt, daß einige Leser mich mit ihren Großbestellungen schon längst überholt haben. Es ist, als hätte ich sie nur an ein verborgenes Wissen über ihre eigenen Kräfte und Möglichkeiten erinnert, und sie haben gleich richtig losgelegt.

Allerdings gibt es da noch die andere Sorte Leser. Das sind die, die manchmal schummeln. Schummeln? Ja, genauso ist es. Ihr lest ganz richtig. Es wird geschummelt! Und zwar zu den eigenen Ungunsten.

Aber da uns das Universum ja ruhig mal darauf hinweisen könnte, wenn wir uns selbst beschummeln, legen wir jetzt über alle noch nicht erfolgten Lieferungen Beschwerde ein und reklamieren hiermit. Jawoll!

Wer mitreklamieren möchte, findet in diesem Büchlein hoffentlich vielfältige Anregungen und kann das Problem mit den Lieferverzögerungen in Bälde zu den Akten legen.

Gut bestell' wünscht

Eure Bärbel ☺

1 Was Bestellungen beim Universum sind und was nicht

Für all diejenigen, die meine ersten drei Bücher nicht kennen und daher nicht wissen, was eine Bestellung beim Universum überhaupt ist, hier zunächst zwei besonders schöne Beispiele, die sicherlich auch den „Insidern" gefallen werden. Anschließend werde ich für alle, die mit dem Bestellen noch nicht die gewünschten Erfolge erzielen, noch einmal klarstellen, was Bestellungen beim Universum sind und was sie nicht sind. Denn offenbar gibt es gerade in diesem Punkt noch viele Mißverständnisse.

Hier zunächst die beiden Beispiele:

Claudias Vater war vor zehn Wochen gestorben. Einen grünen Rucksack, den er ihr einmal geschenkt hatte, hielt sie in besonderem Andenken. Er war für sie in diesen Wochen das liebste Erinnerungsstück an ihren Vater. Dann wurde ihr das Auto gestohlen, und darin befand sich ausgerechnet der grüne Rucksack.

Sie war sehr traurig und fühlte sich durch das Verschwinden des Rucksacks noch mehr von ihrem Vater getrennt. Dann kam sie auf die Idee, es doch mal mit einer Bestellung beim Universum zu probieren. In Gedanken wandte sie sich an das Universum und bat: „Das Auto ist mir vergleichsweise unwichtig, aber bitte sendet mir doch meinen Rucksack, das Erinnerungsstück an meinen Vater, wieder zurück."

Ein paar Tage später kam ihr die Bestellung albern vor, und sie dachte sich, es sei eigentlich Unsinn, das Andenken an ihren Vater an einem alten Rucksack festzumachen. Also beschloß sie, den Rucksack am besten einfach zu vergessen. Mit ihm vergaß sie natürlich auch ihre Bestellung.

Ich lernte Claudia auf einem meiner Seminare in Berlin kennen. Am dritten Tag saß sie auf einmal mit verklärtem Gesichtsausdruck und einem grünen Rucksack im Arm auf dem Boden und rief mich zu sich, um mir ihre Geschichte zu erzählen.

Am zweiten Seminartag hatte sie auf der Toilette einen grünen Rucksack stehen sehen. Eine andere Teilnehmerin hatte ihn dort vergessen. Als sie sich den grünen Rucksack näher ansah, wurde sie ganz aufgeregt, denn sie war sich fast sicher, daß es IHR zusammen mit dem Auto gestohlener Rucksack war. Sie nahm ihn aus der Toilette mit und fragte herum, wem er denn gehöre. Die entsprechende Teilnehmerin meldete sich auch gleich und erzählte ihr, sie hätte den Rucksack gerade eben erst vor ein paar Tagen auf dem Flohmarkt gekauft.

Claudia konnte es kaum glauben und erzählte der anderen die Geschichte des Rucksacks und von ihrem Vater, auch, daß sie beschlossen hatte, die Erinnerung an ihren Vater nicht von einem Rucksack abhängig zu machen.

Die andere Teilnehmerin war dennoch tief beeindruckt von diesem Zufall, und nachdem sie eine Nacht darüber geschlafen hatte, hatte sie nun, am letzten Tag des Seminars, den leergeräumten Rucksack wieder mitgebracht und ihn Claudia geschenkt. Und so kam es, daß ich Claudia in der Pause in sich und ihren Rucksack versunken am Boden sitzend vorfand.

Kosmische Präsenz

Auszug aus dem Leserbrief eines anderen Bestellers:

„Freude! Gleich am Tag nach dem Kauf des *Kosmischen Bestellservice* (Band 1 war derzeit vergriffen) habe ich sechs oder sieben Bestellungen aufgegeben, unter anderem Sonnenschein für den Hundegang (bei dunkelgrauem Himmel und strömendem Regen, die

Sonne kam dennoch wie bestellt) und einen Ball für meine Hündin, den sie am Weg finden sollte (fand ich o.k., weil sie streng nach dem LoLa-Prinzip lebt und ihre eigenen Bälle grundsätzlich unterwegs verliert). Sie fand einen knallroten, praktisch neuen Ball aus Vollgummi, ihre Lieblingssorte.

Auch so Abgedrehtes war dabei wie: Meine rechte Box im Auto, die nur noch dumpfes Grummeln von sich gab, sollte von selbst wieder genauso schön tönen wie die linke. Ich habe meiner Phantasie freien Lauf gelassen. Alle Bestellungen wurden – zu meiner großen Überraschung – prompt geliefert.

Zu den erstaunlichsten Lieferungen gehörten Wetterinseln im norddeutsch durchwachsenen Sommer und die Verbesserung von Beziehungen zu anstrengenden Mitmenschen – letzteres mit zum Teil spektakulären Erfolgen, d.h. die Erfahrung der totalen Geborgenheit.

Dann aber kam es mir: Was für einen Spielgefährten habe ich denn da, wie viel Humor hat er, und wie riesenhaft und mächtig ist er? Und einige Tage danach die totale Krise, die Unentrinnbarkeit aus dieser kosmischen Präsenz. 24 Stunden am Tag hört jemand sehr aufmerksam zu, kein Platz für ein echtes Versteck. Es hat mich schon ganz schön geschüttelt."

Herrmann aus Bremen

Von seinem Schock angesichts der Erkenntnis einer „kosmischen Präsenz" hat er sich zum Glück wieder erholt, und er schickte weitere Bestellberichte nach. Eines von vielen weiteren Beispielen, das mir besonders gefiel, war die Sache mit dem pfeifenden WC-Kasten:

„Von meinem pfeifenden WC-Kasten hatte ich Dir glaube ich schon berichtet. Ich bestellte das Pfeifen erfolgreich ab, ohne einen Klempner bemühen zu müssen. Dann merkte ich, daß ich den ‚Dialog' eigentlich witzig gefunden hatte. Im Interesse der Hausnachbarn wollte ich aber vernünftig sein und auf Ruhe beharren. Aber nun bekam ich die Idee, daß ein ‚normaler' Wasserkasten doch eigentlich langweilig sei, nicht mehr aus dem Kopf.
Die Kiste begann daraufhin, mich versuchsweise wieder anzupfeifen. Aber nicht nur mich, sondern auch meine Frau. Nach einer Phase des inneren Kampfes und der Abstimmung mit meiner Frau gelang es mir dann doch, dem Universum zu erklären, welche meiner beiden Bestellungen denn nun gelten sollte. Und es hat Ruhe geliefert. Die Bestellannahme denkt und fühlt mit."

Herrmann

Ich vermute ja, die Bestellannahme hat genauso viel Freude an Herrmanns und Claudias Art wie ich, so daß sie die Bestellungen der beiden bevorzugt behandelt und sich etwas ganz Besonders ausgedacht hat. Das Universum ähnelt diesbezüglich einem ganz normalen Versandhaus auf der Erde. Dankbare und fröhliche Kunden beliefert man einfach besonders gerne.

Da aber nicht alle Bestellungen bei allen Bestellern so gut klappen und auch bei mir nicht immer alles geliefert wird, was ich bestellt habe, wird dieser Reklamationsratgeber uns hoffentlich noch eine Menge Aufschlüsse darüber geben, wie wir Lieferverzögerungen effektiv entgegenwirken können.

Hier zunächst zur Klarstellung noch einmal verschiedene Definitionen einer Bestellung beim Universum:

Was Bestellungen beim Universum NICHT sind:

Sie sind kein Mittel, um auf Dauer in Mangelgefühlen weiterzuschwelgen und dann trotzdem per Knopfdruck ins Paradies auf allen Ebenen gebeamt zu werden.

Bestellungen beim Universum sind...

- ... eine Umsetzung des Konzeptes: „Die Welt ist das, was wir von ihr denken".
- ... eine Umsetzung des Satzes: „Die inneren Zustände bestimmen die äußeren Umstände."

- ... eine Umsetzung des Satzes: „Der Glaube versetzt Berge".
- ... eine Methode, um auf „intelligente Weise naiv" zu sein. Alle rationalen Erklärungen dafür, daß sie funktionieren (z.B. aus den wissenschaftlichen Studien über den Placebo- oder den Versuchsleitereffekt, wie in meinen ersten drei Büchern beschrieben), nutzen uns nichts, wenn wir dabei ein Grundgefühl haben von: „Oh, das ist aber kompliziert, ob ich das wohl schaffe?"

Mit dem Wort „bestellen" verbinden die meisten von uns einen ganz selbstverständlichen Vorgang im Sinne von: „Was ich bestelle, das kommt auch" (Versandhausassoziation). Genau darin, daß wir spielerisch und eigentlich naiv mit den geistigen Kräften umgehen, liegt die hohe Erfolgsquote.

Wenn für dich ein anderes Spiel besser paßt, dann denk' dir ein eigenes Spiel aus. Das einzige Ziel besteht darin, den Verstand zur Ruhe zu bringen, so daß er sorglos der Intuition den Vortritt lassen kann. Womit auch immer du das am leichtesten erreichst – das ist der richtige Weg für dich.

- ... ein Weg, um das innere Kind in uns zu wecken. „Werdet wie die Kinder", heißt es schon in der Bibel. Ich persönlich bin davon überzeugt, daß das Universum aus rei-

ner Freude am Sein erschaffen wurde, und
genau deshalb kommt uns der kosmische
Bestellservice auch mit „Ermunterungslie-
ferungen" entgegen, sobald wir uns auch
nur für die Möglichkeit öffnen, daß es da
doch noch eine gehörige Portion fröhlicher
Magie jenseits der materiellen und mecha-
nischen Welt geben könnte.

Selbst wenn wir „ziemlich negativ drauf"
sind, klappen oft trotzdem immer wieder kleine Bestellungen, damit wir „am Ball bleiben"
und das Leben wieder aus Freude feiern.
Wobei es einen Unterschied gibt zwischen
oberflächlichen Freuden, die nur von kurzer
Dauer sind, und einer grundlegenden Freude am Leben insgesamt:

Der September-Ausgabe 2000 der Zeitschrift
Petra zufolge geben in Venezuela 55 Prozent
von 1000 Befragten an, sie seien sehr glücklich, und nur 7 Prozent bezeichnen sich als
unglücklich. In Deutschland empfinden 16 Prozent, daß sie glücklich sind, und 14 Prozent
sind unglücklich. Ebenfalls weitaus glücklicher
als die Deutschen sind die Menschen in folgenden Nationen: Nigeria (Platz 2, gleich nach
Venezuela), Island, Irland, die Niederlande, die
Philippinen, Australien, die USA, die Türkei und
viele mehr. Deutschland befindet sich gemäß
dieser Umfrage auf Platz 33 der Glücksskala.
Wieso sind in einem Land wie Deutschland

mit einem derart hohen Lebensstandard und so vielen Möglichkeiten nur 16 Prozent glücklich, und in Venezuela und Nigeria sind es um die 50 Prozent? Wie wär's – möchtest du auswandern nach Nigeria oder vielleicht in die Türkei oder nach Island, wo man nie weiß, wann der Boden sich bei einem Erdbeben auftut und einen verschluckt? Dennoch sind die Menschen dort im Durchschnitt weitaus glücklicher als wir.

Die Frage, die ich damit stellen will, ist die, ob wirklich objektive und zwingende Gründe dafür verantwortlich sind, daß wir so „negativ drauf sind", oder ob nicht vielleicht der Hauptgrund in unserer inneren Einstellung zu finden ist?

Das Dumme ist: Wenn wir uns **entscheiden,** unglücklich zu sein, dann funktioniert auch die Intuition nicht gut, weil wir sie ständig überhören – und damit schaffen wir uns natürlich immer neue Gründe zum Unglücklichsein.

Meine Tante Maryta hat Freunde in Island und berichtete nach einem Besuch dort, daß die Kinder abends ihre Kleider so vor ihr Bett legen, daß sie jeden Moment hineinspringen können, falls es in der Nacht ein Erdbeben geben sollte, was häufig vorkommt. Dennoch bezeichnen die Menschen sich dort überwiegend als glücklich.

Als besonders wichtig wird in diesem Land die Intuition angesehen. So fuhren beispielsweise die Fischer eines kleinen Inseldorfes eines Abends wegen eines Sturms alle Boote in den Hafen, als in derselben Nacht der nahegelegene Vulkan ausbrach. Da die Boote im Hafen lagen, konnten alle Einwohner damit gerettet und ans Festland gebracht werden. Viele Isländer glauben auch an die Hilfe von Naturgeistern, Elfen und Gnomen. Im Touristenbüro kann man neben einer gewöhnlichen Straßenkarte auch eine Karte für die Wohnorte der Elfen und Kobolde erhalten!

Brauchen wir Erdbeben, um glücklich zu sein und unsere Intuition wahrzunehmen, oder schaffen wir es mit ein bißchen Bewußtsein und einer neuen Absicht vielleicht auch so?

An Elfen zu glauben könnte man auch als sehr kindlich bezeichnen – aber ist das ein Fehler oder auch „intelligent naiv", wenn es einem hilft, die Stimme der Intuition wahrzunehmen?

Die Intuition funktioniert in den allermeisten Fällen nicht bei rein rationaler und vernünftiger Nüchternheit. Sie kommt lieber dahin, wo fröhlich, kindlich und spielerisch mit dem Leben umgegangen wird!

Bestellungen beim Universum sind auch...

• ... der Anfang eines Lebens, in dem Wünsche schon erfüllt werden, kaum daß man sie gedacht hat. Häufig werden dabei Dinge möglich, die jeder Statistik zuwiderlaufen.

Ein Beispiel: Hundert Leute suchen eine Wohnung, und zehn Wohnungen gibt es. Also muß man zehn Wohnungen anschauen, ehe man überhaupt die statistische Chance hat, eine zu ergattern. Der erfolgreiche Besteller hat es irgendwie „im Blut" und im Gefühl, welche er anschauen sollte, welche ihm gefällt und bei welcher er dem Vermieter sympathisch sein wird. Er besichtigt in der gleichen Situation nur ein bis zwei Wohnungen und geht mit einem Mietvertrag für seine Traumwohnung nach Hause.

Bestellungen beim Universum bedeuten NICHT, depressiv in der Hängematte zu liegen und zu warten, bis irgendwer die Wohnung stürmt und uns in die neue Traumwohnung trägt. Wohl aber bewirken sie, daß immer öfter immer weniger Aufwand nötig ist, um etwas zu erreichen. Sie bedeuten, daß Statistik keine Rolle mehr spielt und wir die Dinge mit immer mehr Leichtigkeit erledigen können. Diese Leichtigkeit bedeutet aber nicht, nichts zu tun.

Und zwar nur aus einem Grund: Weil Nichtstun auf Dauer nämlich keinen Spaß macht. Das Konzept des dauerhaften Nichtstuns würde nicht zu einem Universum passen, das aus Freude geschaffen wurde.

2 Sind Bestellungen beim Universum etwas ganz Neues?

Um Himmels willen, nein! Ich bin ganz und gar nicht die einzige oder gar die erste, die davon überzeugt ist, daß wir mit unseren inneren Zuständen unsere äußeren Umstände erschaffen. Fast alle Mysterienlehren sind dieser Meinung, und jede formuliert es auf ihre Weise.

Mikhael Aivanhov, der bekannte spirituelle Meister und Lehrer aus Bulgarien, schreibt, daß das Licht die erschaffende Kraft im Universum ist. Licht kann nach seiner Lehre alles ersetzen, so als wäre es reale Materie. Das sagt sogar die Bibel, derzufolge Gott als erstes das Licht erschaffen hat. Das Wort war dann im fortschreitenden Schöpfungsprozeß die Kraft, welche die Urmaterie, nämlich das Licht, formte und gestaltete.

Licht ist die Grundkomponente, aus der Materie besteht. Heutzutage jagen Wissenschaftler extrem starke Lichtstrahlen aufeinander und erhalten dann ebenfalls kleine Materiekrümelchen. Das ist zwar nicht ganz so elegant, wie es Gott in der Bibel machte, aber immerhin, es bestätigt die Aussagen.

Das Wort und der Gedanke sind, um zur Bibel und zu Aivanhov zurückzukehren, die Kräfte, die dieser Grundkomponente eine Form geben und sie zu realer Materie werden lassen. Da der Mensch nach dem Bilde Gottes geschaffen wurde, kann er ebenfalls durch das Licht erschaffen.

Die Einweihungslehren besagen, daß man alles erhalten kann, wenn man das Licht hat. Und das Licht bekommt man, indem man es in sein Inneres hineinholt. Das wiederum tut man laut Aivanhov durch Meditieren, Herbeiwünschen und die Visualisierung, Licht einzuatmen. Man könne einen Sonnenaufgang einfach nur betrachten oder mittels seiner inneren Absicht, das Licht einzuatmen, in sich speichern und zum Erschaffen verwenden.

Wer also beim Universum reklamieren möchte, kann das vielleicht besonders gut bei Sonnenaufgang tun, wegen der dann besonders starken Verbindung zur Schöpfungsenergie, dem Licht. Damit wendet man dann eine erprobte Technik der alten Einweihungslehren an.

Pir Vilayat Inayat Khan, der 84jährige Leiter des Ordens des universalen Sufismus, einer überkonfessionellen mystischen Glaubensgemeinschaft, formulierte es zu Beginn seines Seminars zu Weihnachten 2000 ganz vorsichtig, aber sehr ähnlich: „Die Menschen meinen, daß die Umstände bestimmte Qualitäten oder Defekte in ihnen wecken würden. Aber vielleicht ist es ja umgekehrt, daß die Qualitäten und Defekte in uns die Umstände überhaupt erst erzeugen??!" Er machte eine kleine Pause und fügte dann in schelmischem Tonfall hinzu: „Was ist denn dann, wenn einer sich beklagt, daß die Umstände schlecht sind?" Seine wachen Augen fingen an zu leuchten, und der kleine weißbärtige Mann begann heftig zu kichern. Es schüttelte ihn dabei regelrecht hin und her auf seinem Stühlchen, so freute er sich an dem Gedanken. „Eigentlich versucht der Mensch nur, sich gegen sein eigenes Ego zu verteidigen, denn letztlich beklagt man sich doch über sich selbst, wenn man sich über die Umstände beklagt, da man sie ja selbst verursacht hat", lautet sein Resümee.

Pirs Lieblingsheilmittel gegen Probleme aller Art sind Retreats und Meditationen. In seinen fünftägigen Retreats, in denen er Weisheiten und verschiedene Meditationstechniken lehrt, kommt der Mensch innerlich zur Ruhe und ermöglicht seiner inneren Führung, in Erscheinung zu treten.

Die meisten spirituellen Traditionen der Welt befassen sich mit den Auswirkungen unserer Gedanken und Gefühle auf unsere Umwelt. In Texten der Essener, die schon 2500 Jahre alt sind, wird bereits beschrieben, daß wir zuerst Frieden in unserem Körper, in unseren Gedanken und in unseren Gefühlen schaffen müssen, wenn wir wirklich Frieden auf die Welt bringen wollen.

Nordamerikanische Indianer sind der Meinung, wir würden durch „Bitten an den Himmel" immer nur bestätigen, daß wir etwas nicht haben. **Wiederholtes Bitten verstärke das Nichtvorhandensein des Erbetenen.** Um etwas wirklich zu erhalten, entwickeln die Indianer zunächst ein Gefühl von Dankbarkeit für alles, was ist. Sie hören auf, das, was ist, als schlecht zu beurteilen. Statt dessen danken sie dafür und betrachten es als eine Art „Medizin" für sich und als Mittel und Weg, zu wachsen und zu lernen. Dann wählen sie eine neue Medizin, wie sie es nennen. Sie tun das, indem sie das Gewünschte in sich fühlbar machen. Damit legen sie den Samen dafür, es in die Existenz zu holen. Sie machen das Gewünschte fühlbar, als wäre es schon da, und sind dann bereits wieder dankbar für das, was sie fühlen. Damit bestärken sie es in seiner Realität, so wie alles, was bereits ist.

Manche spirituellen Lehrer aus dem Osten sehen es ganz extrem. Sie sagen, der Mensch habe keinerlei freien Willen im Handeln. Ohne es zu merken, würden wir alle nur nach dem handeln, was in uns selbst angelegt ist: nach unserem Wesen, unserem Denken und unseren Eigenschaften. Wir hätten nicht die Möglichkeit, unser Leben durch äußere Handlung zu verändern, denn unsere Handlungen könnten nur die Resultate hervorbringen, die mit unserem Inneren übereinstimmen.

Was wir allerdings jederzeit ändern könnten, wären unsere Gedanken und unsere Charaktereigenschaften. **Das wäre allerdings etwas, das wir oft als zu anstrengend empfänden, und wir wollten auch nicht wahrhaben, daß wir wirklich den freien Willen haben, unseren Charakter zu ändern.**

Wir vermuten daher freien Willen dort, wo er nicht ist, nämlich im Handeln, und wir glauben nicht, daß er da ist, wo er wirklich ist: in der Veränderung unserer selbst.

Dennoch wären es alleine unsere Gedanken und unsere Eigenschaften, die unserem Leben seine Form geben würden. Indem wir uns selbst und unsere Gedanken veränderten, könnten wir alles verändern und den Himmel auf Erden erlangen.

Auch Buddha ließ uns wissen, daß es unser Geist ist, der die Welt erschafft.

Neu ist also rein gar nichts an den Bestellungen beim Universum. Neu ist allenfalls, daß es so einfach sein darf und Vorheriges ohne Erleuchtung im Alltag umgesetzt werden kann. Inzwischen haben so viele Menschen Erfahrungen mit den Kräften des Geistes und den seltsamen Synchronizitäten und Zufällen gemacht, daß wir uns die Offenheit für das Anerkennen unserer eigenen Schöpferkraft nicht mehr hart erkämpfen müssen. Hart erkämpft werden muß immer nur das, was völlig neu oder sehr selten im Gesamtbewußtsein der Menschen ist.

Kopernikus und Galilei mußten für die Erkenntnis kämpfen, daß die Sonne und nicht die Erde das Zentrum unseres Planetensystems bildet, und wahrscheinlich kämpften sie teilweise auch noch gegen ihre eigenen Zweifel, ob ihre Berechnungen wirklich stimmten.

Als der Placebo-Effekt entdeckt wurde, glaubte zunächst vermutlich auch keiner wirklich an seine Auswirkungen. Heute wundert sich niemand mehr darüber, und sowohl Mütter als auch Ärzte kleben kleinen Kindern bunte Pflaster gegen Warzen auf, denn wie sie wissen, bestehen gute Chancen, daß die Warze verschwindet, wenn das Kind daran glaubt.

Vor ein paar Jahrzehnten war man ein exotischer Spinner, wenn man sich mit autogenem Training entspannen und die Gesundheit stärken wollte. Bereits zu meiner Zeit gab es in der Schule solche Trainings auf freiwilliger Basis gegen Prüfungsstress.

Und heute werden es immer mehr Menschen, die herumprobieren und -spielen, wie sie die Erkenntnisse der alten Mysterienlehren ganz praktisch in ihrem Alltag umsetzen können. Es ist daher auch hier nicht mehr zwingend nötig, sich durch tagelange Meditationen in der Einsamkeit des Himalaja auf die innere Stimme einzustellen. Vielmehr reicht es mit ein wenig Übung immer häufiger aus, sich zwei Minuten im Stuhl zurückzulehnen, tief durchzuatmen und einfach mal in sich hineinzufühlen. Manchmal erhält man zwar nicht ganz die Antwort, die man sich erwünscht, aber immer mehr Menschen vernehmen die Stimme ihrer Intuition immer deutlicher.

Genau deshalb muß man auch keine umständlichen mehrtägigen Rituale mehr durchführen, um etwas im Leben zu ändern, sondern eine flapsige Bestellung beim Universum reicht aus. Zumindest, sofern man die Lockerheit und das kindliche Vertrauen aufbringt, einfach mal sorglos offen für die Möglichkeit zu sein, daß es funktionieren könnte.

Wer diesen „lockeren Flip" in seinem Gefühlsleben noch nicht hinbekommt, muß dennoch keine drei Jahre Himalaja buchen. Es reicht, wenn man netter zu sich selbst ist und im täglichen Leben lernt, sich wohler mit sich selbst zu fühlen. **Wer sich selbst gern fühlt und wahrnimmt, der fühlt automatisch seine Intuition gleich mit.** Und genauso automatisch trifft derjenige heutzutage aufgrund seiner Resonanz immer öfter Mitmenschen mit einer ähnlichen Ausstrahlung in bezug auf das „Bestellen". Und diese berichten von wundersamen kleinen und großen Erlebnissen, bei denen sich die eigenen Gedanken und Vorstellungen auf scheinbar magische Weise in der Realität umgesetzt haben. Das stärkt dann wieder das Vertrauen und das Gefühl von Selbstverständlichkeit, daß so etwas ganz normal ist – und schon hat man die nächste Ebene von Wahrnehmung der eigenen Intuition erreicht. Schon wird die innere Stimme ein wenig deutlicher und differenzierter, und mehr Wünsche erfüllen sich im Leben.

Keine eremitischen Entbehrungen (es sei denn, man steht drauf und MÖCHTE diesen Weg gehen) und kein Yoga im Kopfstand mit tausendfachen Wiederholungen sind nötig. Heute ist es möglich, im ganz normalen Alltag ein spiritueller Angestellter, Unternehmer, Schüler oder was auch immer zu sein.

„Sind denn Bestellungen beim Universum nicht dennoch eine unzulässig vereinfachte Darstellung?" bin ich einmal gefragt worden. Ich persönlich denke, die Vereinfachung ist nicht nur zulässig, sondern auch höchst nützlich und „anwenderfreundlich". Den Erfolg dieser Methode erkläre ich mir so, daß eine umfassende und hundert Prozent richtige Erklärung nicht automatisch zum besten Verständnis einer Sache führt. In Bildern oder Metaphern beschrieben, geht das Verständnis oft viel tiefer.

Stell' dir vor, jemand erklärt in einer Fernsehshow vor einer Million Zuschauern detailliert die Theorie der Superstrings (= Physik). Dann verstehen vielleicht fünf Prozent ganz oder halb, wovon die Rede ist. Wenn jemand dasselbe in ganz einfachen Worten formuliert, ist es zwar vermutlich wissenschaftlich betrachtet nicht mehr vollkommen korrekt, dennoch kommen nun aber vielleicht sogar 90 Prozent der Zuschauer in ihrem Verständnis der Wahrheit ein großes Stück näher, während es vorher (mit der exakten Wahrheit) nur fünf Prozent waren.

Mir geht es so, daß ich die meisten anderen Theorien der alten Mysterienlehren zwar auch kenne, es aber viel schwieriger finde, sie anzuwenden, weil ich immer denke, daß ich es nicht richtig oder gut genug mache oder daß man dafür eben doch ein fortgeschrittener Eingeweihter sein muß, um wirklich etwas zu erreichen. Mir kommen dabei auch Visionen von unbedingt nötiger Disziplin, die ich nicht habe. Diese Sorgen habe ich bei einer Bestellung beim Universum alle nicht, weil DAS ja ganz babyleicht ist. Und weil ich das denke, IST es bei mir auch so, und es klappt viel besser als alle komplizierten Rituale. Wenn DU lieber Rituale machst, dann erinnere dich an die Spielregeln dieses Buches, die im nächsten Kapitel folgen, und du wirst sehen, daß das Allerwichtigste immer ist, das zu tun, was sich für dich richtig anfühlt. Und laß dich auf keinen Fall von mir bremsen.

Übrigens: Erste wissenschaftliche Ansätze, die unter anderem auch die Wirksamkeit der „Bestellungen beim Universum" erklären können, gibt es jetzt in Russland: Wissenschaftler dort haben herausgefunden, daß unsere DNA (der Sitz unserer Gene) als Antenne für Informationen aus dem Gesamtbewußtsein aller Menschen und sogar darüber hinaus fungiert. Damit sind Eingebungen, Hellsehen und Inspirationen aus einem weit größeren Bewußtsein als dem des einzelnen erstmals wissenschaftlich verständlich geworden.

Genauer gesagt haben die Forscher herausgefunden, daß unsere DNA Störmuster im Vakuum verursacht und damit magnetisierte Wurmlöcher erzeugen kann. Wurmlöcher sind im mikroskopisch Kleinen in etwa das, was Einstein-Rosen-Brücken in der Nähe von Schwarzen Löchern (von ausgebrannten Sternen) sind. Sie sind Tunnelverbindungen zwischen ganz unterschiedlichen Bereichen des Universums, durch die Informationen außerhalb von Raum und Zeit hindurchgeschleust werden können. Die DNA zieht diese Informationen an und leitet sie ins Tagesbewußtsein weiter.

Der Schlüssel zu einer gelungenen Hyperkommunikation, wie dieser Vorgang genannt wird, ist ein entspannter innerer Zustand. Unter Streß und Druck oder wenn der Verstand zu aktiv ist, ist keine Hyperkommunikation mehr möglich, oder aber die Informationen erreichen uns völlig verzerrt und zum Teil völlig unbrauchbar, weil unser Verstand zuviel dazwischenfunkt.

Endlich eine wissenschaftliche Bestätigung dafür, daß man „nett zu sich selbst" und „entspannt und glücklich" beim Bestellen sein muß, denn sonst hört man die Antwort des Universums nicht, die nach neuesten russischen Forschungen nichts anderes ist als eine Art Hyperkommunikation mit dem Gesamtbewußtsein aller Menschen und dem Universum über unsere DNA.

Wer von solchen Themen so fasziniert ist wie ich, der kann Genaueres in dem Buch *Vernetzte Intelligenz – die Natur geht online* von Grażyna Fosar und Franz Bludorf nachlesen. Man beachte dabei auch besonders den DNA-Phantom-Effekt und die Vakuumdomänen!! Beides bestätigt Jahrhunderte altes spirituelles Wissen, nur daß es nun von den russischen Wissenschaftlern sehr nüchtern klingende, wissenschaftliche Namen bekommt!

3 Die Anti-Schummel-Spielregeln

Manche Menschen machen es sich schlicht und ergreifend zu schwer und vergessen all die kleinen Tips, wie man die Lieferung einer Bestellung beim Universum am besten in Empfang nimmt, weil sie meinen, diese wären nicht so wichtig. Eigentlich vergessen sie vorwiegend nur, gezielt und effektiv nett zu sich selbst zu sein. Weil sie meinen, es sei nicht so wichtig. Weil sie meinen, sie selbst wären ja sowieso irgendwie nicht so wichtig. Beim Universum bestellen möchten sie aber trotzdem. Vielleicht nimmt ja wenigstens das Universum sie wichtig, wenn schon nicht sie selbst.

Diese Sorte Leser habe ich aber ertappt. Sie sind mir nämlich unheimlich ähnlich, und einen geistig-seelischen Verwandten erkennt man doch gleich. Ich weiß genau, was ihr denkt, wenn ihr meine kleinen Ratschläge lest: „Ja, ja, das ist ja ganz einfach und ganz klar, weiß ich doch alles. Mich interessieren nur die Bestellbeispiele, und jetzt bestell' ich auch."

Das ist ja wunderbar. Aber dann wird nebenbei all das, was eben noch so ganz klar und einfach und „weiß ich doch" war, links liegengelassen, nicht beachtet, und man wundert sich, warum nur hin und wieder einmal eine Bestellung klappt oder in seltenen Fällen sogar keine einzige.

Stimmt's? Genau so ist es doch, oder? Aber so einfach legt ihr mich nicht rein. Ich brauche mich nämlich nur an mich selbst zu erinnern, wie ich früher war und heute manchmal noch bin, wenn ich gerade in einer Art Tagtraum und wenig bewußt durchs Leben trabe. Und schon weiß ich genau, wo ich selbst auf die gleiche Weise schummele. Und deshalb kommt hier ein Auffrischungskurs mit sämtlichen Tricks, wie man erfolgreich beim Universum reklamiert.

Beim Universum zu bestellen bedeutet letztlich nichts weiter, als anzuerkennen, daß wir mit unseren Gedanken Realität erzeugen. Jeder Gedanke ist ein Same, der einen Drang zur Verwirklichung hat. Da wir in der Regel den ganzen Tag lang zig Samen durcheinander säen, gewinnen beim Manifestwerden im Alltag immer nur die stärksten. Unkraut wächst am schnellsten, das ist ja bekannt. Auch das Gedankenunkraut verbreitet sich sehr schnell in unserem Gehirn.

Aber eine klare und in Leichtigkeit davon schwebende gedankliche Bestellung beim Universum kann durch ihre Qualität das Unkraut überlagern und in einem entlegenen Winkel des Seelengartens Orchideen hervorbringen.

Dennoch wachsen auf Dauer in Sägespänen (schlechter Nährboden) nun mal keine Orchideen, sondern allenfalls weiterhin Unkraut. Auch ich litt früher unter dem Irrglauben, es sei anstrengend, den Boden für schöne Pflanzen (= in unserem Beispiel eine schöne Realität) zu bereiten. Ich möchte versuchen, in diesem Büchlein mit diesem Irrglauben aufzuräumen und zu zeigen, daß es alleine schon glücklich macht, im eigenen Geist und der eigenen Seele den richtigen Nährboden zu züchten.

Und kaum ist man glücklich – wir wissen ja, wie scheinbar ungerecht das Leben ist –, kann man alles haben. Jetzt, da man es nicht mehr braucht. Seufz.

Aber ich verspreche, daß es ganz einfach ist und vor allen Dingen angenehm. Ihr braucht es nur zu probieren.

Nährboden für einen gelungen Kontakt zum Universum

Alles, was ich hier anbieten kann, ist, MEINEN Nährboden für eine gelungene Kommunikation mit dem Universum darzustellen. MEINEN. Ich bin aber nur *eine* Person unter vielen Milliarden Menschen auf diesem Planeten. Daß ich die Dinge, die ich erlebe, und die Erfahrungen, die ich mache, aufschreibe, hebt mich in keinster Weise hervor. Es hebt also auch meine Erfahrung und meinen Lebensweg nicht hervor. Er ist ein Beispiel und soll als Inspiration dienen. Mehr kann und will er nicht sein (er, mein Weg, meine ich).

Viele Religionen lehrten uns, jede auf ihre Weise, daß es einen Weg gäbe, der für alle gleich passend wäre und dem wir nur genau folgen müßten, und schon würden wir genauso erleuchtet wie die Begründer der Religion.

Inzwischen entdecken wir ganz langsam und schrittweise, daß die Wege aller spirituellen Meister und Lehrer gut und schön waren und sicher sehr inspirierend, aber daß jeder, der ebenfalls dorthin gelangen will, seinen eigenen ganz individuellen Weg finden muß.

Jesus fand seinen Weg und ging keineswegs nur Buddha nach, weil er sonst nicht angekommen wäre. Kein Lehrer ist nur seinem eigenen Lehrer gefolgt. Jeder Schüler eines noch so großen Meisters hat seinen eigenen Stil entwickelt.

Und darum geht es bei allem. Auch für so einfache Dinge wie beim Universum zu bestellen, wofür man definitiv keine Erleuchtung braucht, muß man dennoch seinen eigenen Stil entwickeln. Jeder von uns ist bereits ein

Meister im Erschaffen, wir haben es nur vergessen. Wenn wir uns erinnern wollen, werden wir uns selbst wiedererkennen und wertschätzen müssen für das, was wir bereits sind.

Damit das diesmal niemand verpaßt, gibt es am Ende dieses Büchleins einen „Selbsttest für Bestellungen beim Universum". Damit nicht wieder geschummelt wird. Eine Note gibt es allerdings nicht. Aber du wirst selbst merken, daß bestimmte Dinge den Erfolgsquotienten erhöhen und andere ihn senken.

Der erste Punkt im Selbsttest könnte zum Beispiel lauten: Bin ich dabei, meinen eigenen Stil bei der Kommunikation mit dem Universum zu entwickeln, oder mache ich nur blind alles nach, ohne zu beachten, ob es sich für mich so auch richtig anfühlt?

Im letzteren Fall könnte deine Aufgabe darin bestehen, mehr in dich hineinzufühlen, welche Details, Formulierungen oder Bestellzeitpunkte sich für dich am besten anfühlen und wobei du dich am stärksten und klarsten und vergnügtesten fühlst. Dann machst du genau das, auch wenn es das Gegenteil von dem sein sollte, was ich vorschlage. Denn ich weiß schließlich nur, wie es bei mir am besten klappt. Wie es bei dir am besten klappt, das kannst nur du selbst herausfinden.

O.K., Spielregel verstanden? Wer schummelt und doch nur alles nachmacht, ohne seine eigene innere Weisheit zu fragen, muß nachsitzen – will heißen, länger auf seine Lieferung warten. Und wer will das schließlich.

4 Allgemeine Reklamationen

In vielen Punkten verhält es sich mit dem universellen Lieferservice ganz ähnlich wie mit einem irdischen Versandhaus. Mal angenommen, du bestellst dir einen Pullover bei einem irdischen Versandhaus, und dieser Pullover ist ausverkauft. Dann wird das irdische Versandhaus in den meisten Fällen nicht einfach stillschweigend über deine Bestellung hinweggehen, sondern dir einen freundlichen Brief schreiben: „Sehr geehrter Kunde, leider ist das von Ihnen bestellte Produkt im Moment ausverkauft. Wir produzieren jedoch nach und können dann und dann wieder liefern."

Was ein irdisches Versandhaus kann, das kann das Universum schon lange. Wenn du also auf eine Bestellung wartest, und nichts tut sich, dann ist es Zeit für eine Reklamation. Nicht für eine Neubestellung, denn erstens hilft das auch nichts, wenn der Pulli gerade ausverkauft ist, und zweitens fühlt man sich dann wieder so unbedeutend und nach: „Ach, wahrscheinlich hat doch wieder keiner meine Bestellung wichtig genug gefunden, um sie zu bearbeiten. Ich probier' es noch mal, aber vermutlich bin ich halt doch zu unbedeutend..."

Eine Reklamation vermittelt da doch ein ganz anderes Gefühl. Nämlich das von: „Ich habe bestellt und ein Recht darauf zu erfahren, warum sich nichts tut."

Im ersten Fall verbreitest du Gedanken von: „Wird ja doch nichts", und im zweiten von: „Das kann ja wohl nur ein Irrtum sein und muß noch kommen."

Wenn man hartnäckig immer das Beste vom Leben fordert, dann kapituliert es meist irgendwann und liefert auch das Beste.

Nun hast du also reklamiert, aber vielleicht liegt ein Spezialfall vor, bei dem die Auslieferung noch etwas dauern wird. Dann kannst du dem Universum mitteilen, daß du bitte gerne ein Zeichen hättest, ob die Bestellung angekommen und in Bearbeitung ist.

Ein Zeichen kann alles sein – ein zufälliges Ereignis im Zusammenhang mit deinem Bestellthema oder alles, was du als ein Zeichen empfindest oder bestellst. Ich habe mir mal ein Zeichen innerhalb von 15 Minuten bestellt, als ich gerade mit dem Taxi unterwegs zu einer Freundin war (es ging um eine Entscheidungshilfe). Ich konnte weit und breit nichts Außergewöhnliches entdecken, bis der Taxifahrer mich fragte, in welche Straße im Ort ich denn wolle. Als ich den Mund aufklappte, um „Beethovenstraße" zu sagen, kam mir jemand zuvor, indem genau in dem Moment über Funk „Beethovenstraße" angesagt wurde. Der Sprecher meinte zwar die in der Innenstadt (meine Freundin wohnt in einem Vorort von München), aber es war ein lustiger Zufall.

Zweiflerisch, wie ich häufig bin, hatte ich am nächsten Tag immer noch keine Entscheidung gefällt. Und wie es der Zufall wollte, geriet ich schon wieder in die Lage, noch einmal mit dem Taxi zur selben Freundin fahren zu müssen. Ich dachte mir: „O.K., liebes Universum. Wenn du mit dem Zeichen von gestern wirklich gemeint hast, ich solle lieber dies und jenes tun, dann sende mir doch bitte während dieser Fahrt dasselbe Zeichen noch einmal." Ich weiß, ich bin manchmal ein schwieriger Fall, und so wunderte ich mich auch wenig, daß bis zur Haustür meiner Freundin kein „Beethovenstraße" aus dem Funkgerät schallen wollte. In dem Moment jedoch, als ich die Tür öffnete, um auszusteigen, bekam das Universum die Kurve doch noch, und „Beethovenstraße" schallte aus dem Lautsprecher. Der Fahrer schaute kurz erstaunt hoch, grinste mich achselzukkend an, und ich traf endlich die bewußte Entscheidung, die sich dann auch als richtig erwies.

Auf dieselbe Weise kannst auch du dir Zeichen bestellen, ob etwas in Bearbeitung ist und die optimale Lieferung noch ein wenig dauert, oder ob du noch etwas dazu beitragen kannst, den Vorgang zu beschleunigen.

Solche Debatten mit dem Universum haben den Nebeneffekt und Vorteil, daß man seine Sinne für die zum Teil sehr phantasievollen Kommunikationswege des Universums und der Intuition schärft. Das kann einem im Leben noch an vielen Stellen nutzen.

Wenn du beim Universum reklamierst, kann es nützlich sein, in Gedanken mal all deine bisherigen Bestellungen Revue passieren zu lassen. Welche haben geklappt und welche nicht? Gab es etwas, das alle ausgelieferten Bestellungen gemeinsam hatten, und gab es vielleicht auch etwas, das die noch nicht ausgelieferten gemeinsam haben? Kann es sein, daß es einen Unterschied in dir gab oder gibt? Kannst du so etwas wie eine unterschiedliche innere Haltung den verschiedenen Bestellungen gegenüber ausmachen?

Ich frage nur. Forsche selbst in dir nach. Wenn du mit mir darin übereinstimmen willst, daß WIR diejenigen sind, die für unsere Umstände verantwortlich sind, dann brauchst du ja nur herauszufinden, wie du was verursacht hast, und dann die gewonnenen Erkenntnisse zu deinen Gunsten umzusetzen. Eigentlich ganz einfach, oder?

Vielleicht findest du dich auch im Laufe des Buches noch in dem einen oder anderen Beispiel wieder, das dir ebenfalls weiterhilft. Das hoffe ich zumindest. ☺

5   Job-Reklamationen

Fangen wir einfach irgendwo an bei den konkreten Reklamationen. Job-Reklamationen gehören zu den häufigsten, also nehmen wir sie als erstes.

Eine Leserin schrieb (sie hatte *Universum & Co.* gelesen):

„Liebe Bärbel!

Als ich anfing, Dein Buch zu lesen, dachte ich, daß meine Person darin beschrieben wird. Vor mehr als zehn Jahren begann ich meine jetzige Arbeitsstelle. Die ersten 3-4 Jahre waren ziemlich schwer. Ich mit meinen 25 Jahren direkt nach der Ausbildung kämpfte Tag für Tag gegen die Hierarchien und die Alten an. Irgendwann stellte ich fest, daß es gar nichts bringt, in diesen Landen etwas verändern oder verbessern zu wollen. Man lebt ruhiger, wenn man den Alten nach dem Mund redet und Dienst nach Vorschrift macht.

Ich hatte zwar auch manchmal schon symbolische ‚Mordgedanken', aber sie hielten sich damals noch in Grenzen. Es ist aber inzwischen bei uns wie im Kindergarten: Erwachsene, die nicht mehr miteinander sprechen, sich aus dem Weg gehen, sich morgens noch nicht einmal grüßen…

Wie soll man da als Mitarbeiter motiviert zur Arbeit gehen? Morgens, wenn ich aufstehe, dreht es mir den Magen um bei dem Gedanken ans Büro…

Die Unzufriedenheit im Büro hat mir ganz schöne gesundheitliche Probleme beschert. Ich ,saufe' zwar im Büro keinen Kaffee mehr, aber die Stimmung im Beruf und auch privat ist ,Null Bock auf gar nichts'. Es ist zur Zeit so, daß das einzige Organ, das bei mir noch einigermaßen funktioniert, mein Herz ist. Zum Glück habe ich einen Heilpraktiker gefunden, der versucht, die Toxine aus den Nieren und allen anderen Organen herauszubekommen.

Aber wie es auch in deinem Buch beschrieben wird, habe ich Angst vor Neuanfängen oder Veränderungen, es ist ja doch einfacher, die Schuld auf andere zu schieben und sich selbst zu bedauern.

Im Moment bin ich allerdings so weit, daß ich es nicht mehr haben kann. Ich bin immer nur lustlos, abgestumpft, unkreativ, träge, alles fällt mir schwer. Ich habe das Gefühl, daß das Leben an mir vorbeizieht, und ich bin nur der Zuschauer am Rande, eine langweilige, unbedeutende Person, die zu nichts zu gebrauchen ist.

Ich würde sehr gerne meinen Beruf wechseln, etwas Sinnvolles tun, aber ich habe Angst, etwas Neues anzufangen, weil ich denke, ich bin ja sowieso nichts Besonderes, kann nicht kreativ sein usw. Deswegen wird mir ein Neuanfang nicht gelingen oder bei einem Arbeitsstellenwechsel werde ich sowieso die Probezeit nicht bestehen etc. Nachdem ich dein Buch gelesen hatte, bekam ich frischen Mut, etwas Neues zu tun, aber er hielt leider nur 2 Tage an, dann kamen wieder die Bedenken und das ständige Aber! Was soll ich bloß tun?"

Lena

Zuerst einmal finde ich es ja schon ziemlich mutig von Lena, ihre Situation und ihre Gefühle dermaßen offen und unbeschönigt zu beschreiben. Und ich möchte mich bei ihr dafür bedanken. Da ich mir sicher bin, daß es eine ganze Reihe von Menschen mit Reklamationen im Berufsbereich gibt, die sich darin sehr deutlich wiederfinden, habe ich ihren Brief hier fast ganz abgedruckt (nur den Namen habe ich geändert).

Fangen wir mit dem an, was NICHT geht, um dann zu schauen, wie unsere Reklamation Erfolg haben könnte:

Wenn du dir deinen Idealjob bestellst, kommen vermutlich keine Sänftenträger vorbei

(bei Lena bin ich mir schon sicher, daß sie das weiß, aber ich verwende zur Verdeutlichung gerne überzogene Beispiele), klingeln an der Tür und klären uns auf, daß sie unseren alten Job bereits für uns gekündigt haben, daß sie einen neuen Job an einem traumhaft schönen Arbeitsplatz mit traumhaft netten Arbeitskollegen und idealen Arbeitsbedingungen für uns gefunden haben, zu dem sie uns nun gerne geleiten werden, falls wir einverstanden sind... Oder nein, lassen wir das mit dem Einverstandensein lieber weg. Hartnäckige Zauderer und Lieferverweigerer sagen sonst womöglich nein, weil es gerade astrologisch nicht der richtige Tag für einen Glücksfall ist und sie eine Falle oder ähnliches vermuten.

Die Sänftenträger entfernen uns also lieber gewaltsam und zwingen uns zum Glück. Das ist eh das einzige, was bei manchen noch helfen kann. Nachdem die Sänftenträger uns also in einen hochenergetischen und wunderschönen Feng-Shui-Palast verschleppt haben (unseren neuen Arbeitsplatz), betten sie uns auf duftende Kissen, reichen frisches Obst und führen sodann unsere Hände bei jedem Arbeitsgang unseres neuen Jobs (damit wir uns nicht womöglich ängstlich oder überfordert fühlen, ob wir das Neue auch bewältigen). Nach vier bis fünf Stunden tragen sie uns wie-

der nach Hause und zahlen dann das Dreifache von dem, was wir bisher verdient haben.
DIESER Fall ist relativ unwahrscheinlich.

Möglich wäre allerdings folgende, nur leicht veränderte Variante:
Eine andere Jobfrustrierte, nennen wir sie Katja, bestellt einen neuen Job beim Universum. Sie hat außerdem gelesen, der Geist habe Ähnlichkeiten mit einem Fallschirm: Um zu funktionieren muß er offen sein. (Tom Kenyon)
Sie beschließt also, offen für ungewöhnliche Lösungen zu sein, und geht wachen Auges und offen für jede spielerische Kleinigkeit durchs Leben. Eine der scheinbar unbedeutenden Kleinigkeiten im Alltag könnte ihr schließlich weiterhelfen, auch wenn man es der Situation nicht gleich anmerkt, welches Potential dahinter steckt.
„Wer beim Universum bestellt, lebt grenzenloser", denkt sie sich. Denn bei ihren Bestellungen muß sie sich nicht mehr überlegen, zu was sie selbst gerade noch in der Lage ist, sondern die neue Frage lautet: Hält sie das Universum für fähig, ihr zu diesem Wunsch zu verhelfen? Und sie hat beschlossen, es für fähig zu halten.
Bei einer Straßenveranstaltung sticht ihr ein schrulliger Typ ins Auge, der überall Walnüs-

se verteilt. „Schräger Vogel", denkt sie sich. „Wie soll ich denn ohne Nußknacker die Nuß aufbekommen? Und überhaupt – was für eine Idee..." Aber sie kann es nicht lassen, ständig hinter ihm herzuschauen.

„Moment mal", fällt es ihr wie Schuppen von den Augen. „Ich stelle mich jetzt aber nicht so blöd an wie die Bärbel (recht so) in dem Beispiel ihrer verpaßten Lieferung vom Universum, das sie in einem ihrer Bücher beschreibt, sondern ich bemerke, daß jener Nußverteiler offenbar eine versteckte Botschaft für mich hat, und ich spreche ihn jetzt an!"

„Na, haben Sie die Nüsse aus Ihrem eigenen Garten?" fragt sie ihn. „Nein", erwidert er freundlich, „ich bin Gärtner in dem neuen Wellness-Hotel hier in der Nähe, und da gibt es auch einen Walnußbaum auf dem Gelände."

Katja: „Ein neues Wellness-Hotel? Das klingt ja interessant..." Und so erfährt sie im Laufe des Gesprächs, daß für die Verwaltung des Hotels bereits dringend Personal gesucht wird, man aber Mühe hat, jemanden zu finden, wegen der etwas abgelegenen Lage. Katja denkt sich: „Das könnte doch meine Lieferung vom Universum zur Jobbestellung sein. Wenn die so dringend jemanden suchen, dann verhandle ich auf 7 Stunden pro Tag zu meinem jetzigen Gehalt plus Fahrtkosten. Dann stört mich die längere Anfahrt nicht, da ich weder einen zeitlichen noch einen finanziellen Verlust dadurch erleide. Probieren kann man es ja mal."

In dem Moment unterbricht eine innere Flüsterstimme ihren erfreuten Gedankengang. Der innere Annahmeverweigerer meldet sich zu Wort und brummt ihr ins Ohr: „Aber bestimmt schaffst du das nicht. Du bist viel zu unerfahren, zu blöd und unattraktiv sowieso. Außerdem weiß man bei einem neuen Hotel auch nie, ob es sich am Markt halten wird. Was ist, wenn die gleich wieder pleite gehen? Dann stehst du ganz ohne Arbeit da!"

Ein Glück, daß auch der innere Hofnarr nicht schläft. Er nimmt den inneren Annahmeverweigerer sogleich auf die Schippe und ruft hinterher: „Und vielleicht sagst du lieber beim Universum Bescheid, daß du die Jobbestellung annullierst und statt dessen lieber fünf Kilogramm Mottenkugeln hättest, damit du dich besser einmotten kannst – am besten zusammen mit diesem ewigen Zauderer von innerem Annahmeverweigerer."

Katja setzt sich nun erst mal alleine auf eine Bank am Straßenrand und wendet sich an den inneren Hofnarr: „Ja, lieber Hofnarr, es ist nett, daß du mir Mut machen willst, aber... (Es folgen circa zwanzig „Ja-Abers".)

Der Hofnarr hört sich geduldig alles an und antwortet dann: „Ich sage nur Mottenkugeln..."

Katja: „Das finde ich zu oberflächlich. Man kann sich doch auch irren, und ich möchte, wenn schon, den richtigen und nicht den falschen Weg einschlagen!"

Hofnarr: „Also na gut. Ja-aber-Argumente sind dennoch nicht der richtige Weg zu einer Entscheidungsfindung. Die Stimme der Intuition kennt kein „Ja-Aber". Mach' statt dessen zu Hause eine Entspannungsübung, solange, bis du dich richtig wohlfühlst. Denn wer entspannt ist, empfindet keine Angst und ist somit auch frei von Gedanken, die nur aus der Angst vor Veränderung kommen.

Stell' dir als nächstes vor, du würdest bei deinem Job bleiben und es noch nicht einmal mit einem Bewerbungsgespräch in dem neuen Hotel versuchen. Dann stell' dir vor, du versuchst es mit einer Bewerbung. Bei welchem inneren Bild fühlst du dich wohler? Sich zu bewerben heißt noch lange nicht, daß man die Stelle auch nehmen muß, wenn es einem dort nicht gefallen hat oder man eine Art Bauchgefühl hat, daß der Platz dort nicht der richtige ist. Geh ein bißchen spielerischer mit der Situation um, denn sonst wirst du deine Intuition nicht wahrnehmen können. Alles klar?"

Katja: „Na gut. Ich kann ja zumindest mal üben, wie das so ist mit den Bewerbungsgesprächen. Dann kann ich das schon und bin lockerer, wenn der Traumjob kommt. Außerdem ist es auch eine Form von Unsicherheit, immer im selben Job zu bleiben, denn meine Fähigkeiten bleiben dann ja sehr einseitig. Mehr Erfahrung kann für meinen Wert am Arbeitsmarkt nur förderlich sein..." (weitere 10 Gründe FÜR einen neuen Job folgen.)

Hofnarr: „Adieu du schöne Mottenkugel... Aber sag mal – darf ich dich mal was fragen?"

Katja: „Ja sicher, was denn?"

Hofnarr: „Ich bin ja vielleicht dumm, aber mir kommt es so vor, als wären deine Argumente gegen eine Bewerbung genauso stichhaltig wie die Gründe dafür. Wie kann denn das sein? Es muß doch eine objektive Wahrheit geben?" (Grinst schlau in sich hinein)

Katja: „Picasso soll mal gesagt haben: ‚Wenn es nur eine einzige Wahrheit gäbe, könnte man nicht hundert Bilder über dasselbe Thema malen.'"

Hofnarr (mit gespieltem Entsetzen): „Das ist ja furchtbar, wie soll man sich denn da orientieren, was falsch und richtig ist?"

Katja (vor sich hinsinnierend): „Das beste ist wohl, ich höre mir die Argumente zwar alle an, aber folge dann doch dem Bauchgefühl..."

Hofnarr: „Ach so. Gut, daß ich dich gefragt

habe. Danke!" In Gedanken sagt er zu sich selbst: „Na also, sie hat es kapiert!" Und zum inneren Annahmeverweigerer gewandt: „Pech gehabt, Junge. Ich habe gewonnen." Selbiger antwortet beleidigt: „Ich wollte doch nur euer Bestes..."

Erfolgreiche Beispiele

Holger, mein Co-Leiter bei vielen meiner Lebensfreude-Wochenenden, und Armin, ein Teilnehmer, haben zusammen im März 2000 bei einem Seminar bestellt, daß sie noch im selben Jahr a) weniger arbeiten müssen und b) trotzdem mehr Geld bekommen. Sie fühlten sich beide überarbeitet und unterbezahlt und gaben daher gemeinsam eine entsprechende neue Bestellung auf.

Armin ist vergnügungssüchtig (im positiven Sinne) und war im September schon wieder auf einem unserer Seminare. Er stürmte als erstes auf Holger zu und wollte wissen, wie es bei ihm geklappt habe. Wie sich herausstellte, investieren beide ein Drittel weniger Arbeitszeit und verdienen dennoch ein Drittel mehr als zuvor. Ein toller Erfolg. (Inzwischen haben sich die beiden „Maßlosen" noch weiter hochbestellt, aber die Geschichte würde hier zu lang werden.)

Erfolg zieht Erfolg nach sich, weil man quasi die inneren Energiebahnen von Zweifeln freiräumt. Im November war Armin schon wieder zum Seminar da und berichtete, was er mittlerweile alles so zusammenbestellt hatte.

Einmal hatte er in seinem neuen Job als Verkäufer, bei dem er auf Provisionsbasis bezahlt wurde, gegen Ende des Monats noch nicht genug Umsatz beisammen, wollte aber niemandem etwas aufschwatzen. Er bestellte sich daher für den letzten verkaufsoffenen Samstag fünf wirklich interessierte Kunden. Der Samstag kam, und siehe da, die bestellten fünf Kunden brachten ihm den restlichen Umsatz.

Ein anderes Mal ließ eine eilige Warenlieferung für einen Kunden scheinbar ewig auf sich warten. Er bestellt gemeinsam mit seiner Kollegin, daß die fehlende Ware über Nacht vom Kurierdienst geliefert werden möge und am nächsten Morgen bitteschön im Hof zu stehen habe. Was sie denn auch tat. Die Kollegin war höchst verwundert und der Kunde sehr zufrieden.

Als nächstes bestellte sich Armin eine günstige 90-Quadratmeter-Wohnung mit zwei Bädern, und auch dies wurde ihm ruckizucki angeboten. Im allgemeinen Bestellrausch dachte er sich: Warum eigentlich Verkäufer auf Provisionsbasis bleiben? Vielleicht hat das Universum ja noch etwas Besseres für mich auf Lager? Ich frage mal nach. Gesagt getan. Kurz darauf erhielt er einen Anruf, ob er nicht erster Vorsitzender eines Vereins werden wolle, bei guter Bezahlung versteht sich.

„O.K., hör' auf, Armin", sagte ich irgendwann. „Du machst uns ja die Leute alle neidisch. Hast du nicht vielleicht noch einen persönlichen Tip, wie man solche Erfolge erreichen kann?" Den hatte er auch auf Lager. Wie er sagt, hat er seit seinen ersten Lieferungen das Gefühl, sich in einer Art ständigem Dialog mit dem Universum zu befinden. Er halte immer Ausschau nach den Zeichen von oben. Im Grunde wäre es ähnlich wie das Schalten beim Autofahren. Man muß ein Gefühl dafür entwickeln, wann man schalten und wann man bremsen muß, dann verläuft die Fahrt optimal. Wenn man ein Gefühl dafür entwickelt, wann im Leben man schalten und bremsen muß und dabei den Ratschlägen von innen zuhört, dann steht hinter jeder zweiten Ecke ein Geschenkpäckchen für einen bereit. Der Segen hört dann gar nicht mehr auf.

„Und was ist, wenn man sich einen neuen Job bestellt hat und er läßt ewig auf sich warten? Kann ja mal sein, was ist dein Tip fürs Reklamieren?"

„Na, wenn man sich doch im ständigen Dialog mit dem Universum befindet, dann kann man es doch fragen, was man falsch macht. Die antworten dann auch. Man muß nur darauf beharren. Vielleicht antworten sie nicht gleich direkt, aber zwei Ecken weiter, da steht dann jemand und spricht unvermittelt einen Satz, der genau auf einen zutrifft. Nur den Dialog nicht abreißen lassen, dann klappt es schon."

Wenn du meinst, daß dein Fall besonders schwierig ist und deine Chancen besonders schlecht stehen, dann solltest du das folgende Beispiel überdenken, das ich dem Buch *Hühnersuppe für die Seele* von Jack Canfield und Mark Victor Hansen entnommen habe:

In den Slums von Baltimore ließ ein Professor seine Studenten Fallstudien von 200 Jugendlichen über deren Zukunftschancen erstellen. Ergebnis: Die Studenten sahen bei allen 200 Jugendlichen null Chancen auf eine berufliche Zukunft irgendeiner Art. Sie mutmaßten, keiner der Befragten werde den Slums je entkommen. Zwanzig Jahre später schickte ein anderer Professor seine Studenten auf die Suche nach diesen 200 Slumbewohnern, um zu überprüfen, was tatsächlich aus ihnen geworden war. Zwanzig waren unbekannt verzogen oder verstorben, aber von den restlichen 180 hatten 176 eine mehr als außergewöhnliche Karriere als Anwalt, Arzt oder Geschäftsmann gemacht. Nach den Gründen für dieses erstaunliche Ergebnis befragt, nannten alle dieselbe Lehrerin. Da diese Frau auch noch lebte, wurde sie dazu interviewt, wie sie das geschafft habe. Sie antwortete: „Ganz einfach, ich liebte all diese Jungen."

Was diese alte Frau den Jugendlichen gab, kannst du dir auch selbst geben. Liebe dich selbst, und der Kontakt zu deiner inneren Führung wird immer besser werden!

6 Partner-Reklamationen

Stell' dir vor, das Universum würde dir auf deine Bestellung des idealen Partners hin jemanden liefern, der in etwa so aussieht wie du, so lebt wie du, so denkt wie du und so drauf ist wie du. Was würdest du sagen?

Geh davon aus, daß dein Traumpartner dir in diesem Punkt ähnlich ist. Er hat gerade, genau wie du, seinen Traumpartner bestellt. Was wird er sagen, wenn das Universum DICH liefert? Hurra schreien und tausend Dankesbriefe ans Universum schicken – oder eine Reklamation???

Bevor du reklamierst, weil das Universum dir noch nichts Passendes geliefert hat, frage dich, ob dein Idealpartner dich, so wie du jetzt bist, bestellen würde? Wenn nein, was in aller Welt soll das Universum dann liefern? Einen Blinden, der taubstumm, völlig duselig, schlecht drauf und ein totaler Versager ist? Und wenn sie ihn liefern, den einzigen, der dich wollen würde, dann willst wieder du so jemanden vermutlich nicht. Du hattest da eher an Claudia Schiffer oder Brad Pitt gedacht.

Falls du daher wirklich so abgewrackt sein solltest, daß du dich selbst nicht geliefert haben möchtest, dann lieben dich wahrscheinlich höchstens noch deine Eltern so wie du bist, und auch die nur unter Protest, und sehr glücklich werden sie dabei auch nicht sein. Ansonsten liebt dich noch das universelle Bewußtsein, aus dem alles besteht. Da das universelle Bewußtsein die Welt vermutlich nicht geschaffen hat, sondern die Welt geworden ist, kannst du dir der Liebe deines Höheren Selbst in jedem Zustand sicher sein. Auf menschlicher Ebene bleibt dir im völlig abgewrackten Zustand aber vermutlich nur, dich selbst zu lieben.

Hart findest du? Wer ist denn hart? Doch wohl du, wenn du dich selbst so, wie du bist, nicht geliefert haben möchtest. Wenn du dich nicht liebst, gibt es keine wirkliche Idealpartnerbeziehung, die das Universum ausliefern könnte. Denn zuerst müssen sie ja dich vor dir selbst retten.

Wenn sie das geschafft haben und du dich selbst bedingungslos liebst, dann können sie dir auch Erste-Sahne-Partner en masse liefern. Kein Problem.

Bei Partner-Reklamationen solltest du daher als erstes um eine Nachricht bitten, was genau die da oben hindert, dir ruckizucki den Idealpartner vorbeizusenden.

„Ja, aber ich liebe mich doch selbst, doch die liefern trotzdem nicht..." Höre ich da vereinzelte Stimmen in diese Richtung argumentieren? Wenn du dich selbst wirklich so liebst, wo ist dann das Problem, wenn du eine Weile allein bist? Dann müßte es dir doch gut gehen mit dir selbst?!

„Iiiih, nein so sehr liebe ich mich nun auch wieder nicht, daß ich mich selbst aushalte...", wirst du sagen. Na bitte, da haben wir es. Arbeite du an deiner Selbstliebe und höre auf die Ratschläge von innen dazu, dann ziehst du den Idealpartner automatisch in dein Leben.

Hier zur Veranschaulichung einige positive und negative Beispiele:

Wann immer im Leben meine Freundin Birgit unzufrieden oder nicht in ihrer Mitte ist, bekommt sie in Partnerfragen genau das geliefert, was sie unbewußt nach alten Mustern bestellt hat. Uralte Gedanken und Gefühle erschaffen dann eine Realität, die sie – wäre sie sich des Vorgangs bewußt – in der Gegenwart nie freiwillig wählen würde. In solchen Phasen des Lebens gerät sie an drogenabhängige Männer mit Hang zur vielfältigen Selbstzerstörung, die so drauf sind wie ihr Vater. Es geschehen Dinge, die nahezu identisch sind mit dem, was sie schon in ihrer Kindheit erlebt hat.

Von Zufall kann da keine Rede sein. Das ist vielmehr der typische Fall einer unbewußten Automatikbestellung. Dennoch sind natürlich auch das Partner, die sie sehr gerne hat und an die sie in vielfacher Hinsicht trotz aller Probleme auch gerne zurückdenkt, wenn es denn wieder einmal endgültig gekracht hat, aber es sind eben keine Idealbeziehungen. Nee, nee, das kann man wirklich nicht sagen.

Was man in so einem Fall macht? Das selbe wie immer: Netter zu sich selbst sein, sich entspannen und sich selbst Gutes tun oder meditieren. **Meditation kann Wahrnehmung und Gefühle „deautomatisieren" und so die intensive Erfahrung der Gegenwart fördern. Und wer die Gegenwart genießt und gerne mag, ist frei von automatischen Fehlbestellungen aufgrund von ewig weit zurückliegenden Erlebnissen.**

Im Falle einer bewußten Realitätsgestaltung kann es ganz im Gegensatz zu obiger unbewußten Bestellung beispielsweise so aussehen, daß man seinen neuen Partner schon „herannahen" fühlt und bereits spürt: Auf diesem Seminar oder bei diesem Event wird jemand dabei sein, mit dem ich mich sauwohl fühlen werde. Es ist ein Zeichen von Bewußtheit und innerer Wachheit, wenn man die Energien, die kommen, schon erspüren kann.

Bei Luisa, einer Freundin vor Birgit, war es jedenfalls so, nachdem ihre letzte Beziehung ein abruptes Ende gefunden hatte. Sie traute jedoch dem Vorankündigungsgefühl noch nicht so ganz, außerdem hätte es ja auch nur eine nette neue Bekanntschaft sein können, die sie da herannahen fühlte.

Sie verkündete daher zu Beginn des erwähnten Seminars all ihren anwesenden Bekannten und Freunden, daß sie gedächte, mindestens ein halbes Jahr lang ins Zölibat zu gehen, da sie sich von unbewußten Fehlbestellungen reinigen wolle.

Einen Tag später sprach sie ihr holländischer Freund an: „Luisa, was ist mit deine Zölibat? Habe ich dich gesehen schmusen mit diese Typ???"

Jaaa, da war ihr bei der Sache mit dem Zölibat etwas dazwischengekommen. Der Zölibats-Störfaktor und sie hatten nämlich bereits zwei Stunden nach dem Kennenlernen das Gefühl, als würden sie sich schon immer kennen, vielleicht sogar aus einem früheren Leben, falls es so etwas gibt. Es fühlte sich jedenfalls ganz klar an wie ein Wiedersehen, obwohl sie sich in diesem Leben definitiv zum erstenmal trafen. Sie hatten auch das Gefühl, sie bräuchten gar keine Beziehung anzufangen, weil sie sowieso schon eine hatten. Das Thema ihrer Beziehung war ebenfalls von Anfang an klar. Unklar war nur noch, und das diskutierten sie dann nach sechs Stunden, ob er zu ihr oder sie zu ihm ziehen würde.

Manche Menschen sollten sich allerdings irgendwann im Leben auch mal Beständigkeit bestellen, was mir selbst auch erst sehr spät im Leben aufgefallen ist. Denn für meine Persönlichkeit kann das Universum nichts. Da können sie von oben die tollsten Lieferungen abschicken – doch etwas Gutes daraus machen muß ich immer noch selbst. Ich habe es ausprobiert, und offenbar kann man sich sogar neue Persönlichkeitsanteile bestellen. Wobei man auch dies selbst machen muß, aber das Universum liefert die passenden Hilfen, so daß es ganz einfach geht.

Der Fall von Luisa beispielsweise ist auch ein guter Trick. Wenn man sich nämlich einen Partner bestellt, mit dem man schon mal in einem anderen Leben eine harmonische Beziehung hatte (oder mit dem man sich fühlt, als wäre es so gewesen), dann erspart man sich fast die gesamte Aufbauarbeit, die bei Beziehungen sonst so oft anfällt. Denn man hat ja schon gemeinsam geübt und kennt die Lösung bei aufkommenden Problemen immer schon. Das kann ein guter Tip für Spätzünder und Faule sein, denn solche Menschen gibt es bestimmt für jeden.

Ein Seminarteilnehmer von mir ist auch so ein Bestellprofi. Er bestellte sich, seine ideale neue Freundin möge doch bitte zum selben Seminar kommen wie er, damit er sie dort kennenlernen könne.

Also normalerweise ist das eine Schmarrn-Bestellung, weil man das Universum damit viel zu sehr eingrenzt. Vielleicht möchten sie dir deinen Idealpartner lieber an der Imbissbude vorstellen oder sonstwo. Den Ort des Kennenlernens festzulegen ist eine viel zu große Eingrenzung – dachte ich zumindest. Bei besagtem Seminarteilnehmer war es aber offenbar kein Problem.

Seine Bestellung wurde nämlich tatsächlich auf diesem Seminar ausgeliefert. Das beste war allerdings, daß seine neue Freundin zwar zum Seminar kam, aber in ihm nicht gleich ihren neuen Freund erkannte (so was soll vorkommen). Sie bestellte sich dafür – ebenso haarsträubend gegen alle Regeln wie er – bei einem gemeinsamen Bestellspiel während des Seminars, daß sie ihren neuen Freund genau am Mittwoch in drei Wochen treffen möge.

So was ist eine Katastrophe. Nichts gegen ungefähre Zeitlimits, aber Mittwoch in drei Wochen? Was für eine brutale Einschränkung! Das arme Universum, wie sollen sie das hinkriegen? Scheinbar bekommen sie alles hin. Die sind mitunter sehr kreativ da oben. Sie haben nämlich unseren Romeo nach dem Seminar mehrmals bei der Julia aus unserem Beispiel anrufen lassen und dafür gesorgt, daß er immer nur den Anrufbeantworter erwischte. Weiter gaben sie ihm den Gedanken ein, es wäre doch netter, sie persönlich zu erreichen, und sie verhinderten so, daß er etwas aufs Band sprach. Bis besagter Mittwoch nahte. An genau diesem Tag bekam er nämlich dann doch den Impuls, aufs Band zu sprechen, und sie war natürlich höchst überrascht, daß ausgerechnet am bestellten Mittwoch jener freundliche junge Mann Interesse an ihr bekundete...

Und nun turteln sie wild und rennen mit glänzenden Augen Händchen haltend durch die Gegend. Das Thema Kinder haben die beiden bereits geklärt. Erst wollte er nicht so recht, aber sie wollte, dann vielleicht doch nicht – oder doch? Nach einigem Hin und Her kam er zu dem Ergebnis, das Beste wäre es, wenn man gleich Zwillinge oder Drillinge bekäme, dann hätte man die Sache auf einen Rutsch erledigt. Zwei Wochen später wurde sie schwanger mit Zwillingen.

Falls mal irgendwann ein Preis für den Bestellkönig verliehen werden sollte, dann käme Armin dafür sicherlich in Frage.

Was lernen wir aus dieser Geschichte bezüglich unserer Reklamationen? Das Universum ist zu den verzwicktesten und schrägsten Lieferungen imstande. Wenn es nicht liefert, dann muß es an uns liegen. Wir sollten daher in unserer Reklamation dringend klare Hinweise erbitten, was wir in uns und an uns ändern müssen.

Und bis wir unsere individuelle Antwort haben, sind wir einfach netter zu uns selbst, werden unser eigener Traumpartner und befreien uns von inneren Automatismen im Denken und Fühlen. Das hilft in jedem Fall.

Ein wichtiges Detail bei der Aktion „Selbstliebe" ist auch ein intakter Freundeskreis. Wenn ich mich bei meinen Freunden aufgehoben fühle und mit ihnen über alles reden kann, dann fehlt mir der Partner weit weniger. Und kaum befinde ich mich nicht im Mangelgefühl, sondern im Gefühl sorgloser Leichtigkeit, da liefert das Universum auch schon!

Diesen Punkt sollte man nie unterschätzen. Stell' dir vor, du würdest allein in einem Rieseniglu am Südpol sitzen, und weit und breit ist kein Mensch. Dann hörst du draußen verdächtige Geräusche? Wie fühlst du dich?

Dann stell' dir als zweites Szenario vor, du sitzt wieder in dem Rieseniglu, aber du bist umgeben von hundert guten Freunden und Bekannten. Draußen hört ihr auf einmal wieder seltsame Geräusche? Gibt es einen Unterschied in deinem Gefühlsleben zwischen der ersten und der zweiten Situation?

Im Leben ist es ähnlich. Ohne Freunde bist du instabil und sehr leicht zu erschüttern. In deiner flatterigen Panik nimmst du aber die Intuition wieder schlecht wahr und findest erst recht nicht den Weg zum idealen Partner. Mit den richtigen Freunden dagegen strahlst du eine viel attraktivere innere Ruhe und auch viel Freude aus, so daß sich dein potentieller neuer Partner auch viel eher für dich interessiert.

Wenn es dir womöglich an einem Partner UND dicken Freunden fehlen sollte, dann kannst du dich getrost darauf konzentrieren, verläßliche Freundschaften aufzubauen, und es dem Universum überlassen, dir genau dann, wenn du es gerade am wenigsten erwartest, den richtigen Partner als i-Tüpfelchen obendrein zu liefern.

Wenn du schon einen Partner hast, aber es jemand ist, der dir nicht gut tut, dann bestelle dir am besten beim Universum, daß diese Beziehung zu ihrem höchstmöglichen Potential finden möge, was auch immer das dann bedeuten mag. Laß dich überraschen. Und sei erst recht konzentriert nett zu dir selbst. Es kann sein, daß deine Energie dann derart ansteigt, daß der andere sich von dir energetisch hochziehen läßt und sich verändert. Das einzige, was du quasi tun mußt, ist, auf möglichst positive Weise du selbst sein.

Oder aber der Unterschied zwischen euch wird so offensichtlich, daß dein wenig optimaler Partner von allein das Weite sucht und auf einer konstruktiveren Ebene eine neue Beziehung auf dich wartet. Was auch immer geschieht: Bestell' dir einfach, daß das, was am Schluß dabei herauskommt, etwas Positives zu sein hat. Und am besten bestellst du dir gleich einen ganzen Haufen Zeichen dazu, damit du auch weißt, daß das Universum dir zuhört und da ist.

7 Gesundheits-Reklamationen

Hierzu habe ich einen Leserbrief mit der Bitte um Verbreitung erhalten, da die Leserin mit ihrer Geschichte gerne auch anderen Mut machen möchte, den unsichtbaren Kräften des Geistes und des Universums eine Chance zu geben:

„Schönen guten Tag, sehr geehrte Frau Mohr,

es ist mir ein großes Bedürfnis, Ihnen für Ihr Buch *Der Kosmische Bestellservice* aus nachfolgendem Grund zu danken:

Am 09.03.2000 erlitt mein Ehemann (43 Jahre alt, Nichtraucher, Nichttrinker, ohne Übergewicht) einen schweren Herzinfarkt, der dazu führte, daß er über 40 Minuten reanimiert werden mußte. Die Ärzte konnten uns leider keine Hoffnung geben, da er ins Koma fiel und keine Reaktion von ihm zu erhalten war.

Stundenlang saß ich an seinem Bett, hielt seine Hand, streichelte ihn und sprach mit ihm. Jeden Tag sprach ich mit den Ärzten in der Hoffnung, doch noch eine positive Antwort – wie: ‚Ihr Mann wird überleben' – zu erhalten. Leider, leider hieß es immer nur:

‚Wir können es nicht sagen, Sie müssen Geduld haben!' Unsere Kinder, drei an der Zahl, waren völlig verzweifelt. Am 14.03.2000 war mein Geburtstag, tieftraurig saß ich am Bett meines Mannes und schickte ein Stoßgebet nach dem anderen gen Himmel. Nichts geschah.

Als ich am Abend nach Hause kam, lag in unserem Briefkasten ein buntes Päckchen. Ich riß es auf und fand ein Buch mit dem Titel *Der kosmische Bestellservice*. Kurz blätterte ich darin rum, legte es aber schnell wieder beiseite, da ich Realist bin – war?! – und ich mir auch nicht vorstellen konnte, daß dieses Buch mir Hilfestellung geben konnte. Weitere Tage vergingen – es war bereits der 20.03. 2000, der Zustand meines Mannes war unverändert schlecht –, da nahm ich dieses Buch, bereits im Bett liegend, doch noch zur Hand und begann es zu lesen, nein, zu verschlingen.

Sehr skeptisch, aber nichtsdestotrotz begann ich in dieser Nacht, meine erste Bestellung aufzugeben. Ich bestellte, daß mein Mann mich erkennt und versteht. Als ich am Morgen des 21.03. 2000 die Intensivstation betrat, öffnete mein Mann die Augen, und ich sprach ihn an. Ich sagte: ‚Michael, wenn du mich verstehst, klimpere bitte mit den Augen', und mein Mann klimperte wie wild. Ich konnte kaum glauben, was ich da erlebte. Hatte ich nur geträumt, oder waren meine Nerven so strapaziert? Ich wußte nun gar nicht mehr, woran ich war.

Um mir zu beweisen, daß ich nicht spinne, bestellte ich in der darauffolgenden Nacht wieder. Ich bestellte, daß mein Mann mit mir spricht. Meine Bestellung wurde am darauffolgenden Morgen prompt ausgeliefert, und mein Mann sprach, mit Tubus: ‚Ich liebe dich.' Glücklich rannte ich zu den Ärzten, um die Neuigkeit mitzuteilen. Ein Arzt nahm mich an die Seite und sagte: ‚Frau P., Sie haben schwere Wochen hinter sich, es kann nicht sein, daß Ihr Mann mit Ihnen gesprochen hat, soll ich Ihnen ein Beruhigungsmittel spritzen?' Leider konnte ich den Arzt an diesem Tag nicht davon überzeugen, daß mein Mann sprechen kann, aber es ging weiter.

Munter bestellte ich nun jeden Abend etwas zur Gesundung meines Mannes. Ich bestellte, er sollte meine Hand drücken, seine Füße bewegen usw. Alle meine Bestellungen wurden innerhalb von 12-24 Stunden ausgeliefert. Nun konnten auch die Ärzte erkennen, daß es mit meinem Mann aufwärts ging. Er erholte sich relativ gut und konnte bald auf ein normales Zimmer verlegt werden. Ein Neurologe eröffnete mir, daß mein Mann eingehend von ihm untersucht worden und er zu der Diagnose gelangt wäre, daß mein Mann durch die lange Reanimation wohl einen schweren Hirnschaden davongetragen hätte.

Als ich ihm sagte, daß dies nicht stimmen würde, ich würde meinen Mann kennen, wurde er sehr streng mit mir und verbat sich solche Äußerungen meinerseits, weil er der Arzt wäre, und solche Fälle hätte er schon mehrfach erlebt.

Nun ja, ich ließ mich nicht beirren und bestellte weiter. Ich bestellte, daß mein Mann das Lesen nicht verlernt hätte. Am nächsten Tag brachte ich ihm eine Zeitung mit, und er begann zu lesen. Wie eine Verrückte rannte ich über die Station, um jedem zu verkünden, daß mein Mann von seiner Intelligenz nichts eingebüßt hatte. So ging es weiter, mein Mann begann wieder zu laufen, zu essen – dies hatte er fast vier Wochen nicht getan, er las weiterhin, schaute fern, wusch sich selbst, zog sich an, halt alle Dinge, die ein normaler Mensch macht.

Ein Arzt sagte mir, es wäre das erste Mal in seiner 12-jährigen Laufbahn, daß er einen Menschen mit einem solch schweren Krankheitsbild gesehen hätte, der sich wieder so erholte.

Am 11.05.2000 konnte mein Mann das Krankenhaus wieder verlassen, und er ist heute so weit wiederhergestellt, daß er bereits stundenweise seine Arbeitstätigkeit wieder aufnehmen, seinen Kindern wieder ein liebevoller Papa und mir ein wunderbarer Ehemann sein kann. Wir können heute unser großes Glück immer noch nicht so richtig fassen, und jeder, dem ich diese Geschichte erzähle, schüttelt nur ungläubig den Kopf.

Ich bin heute fest davon überzeugt, daß es eine höhere Macht geben muß. Bin mir nur nicht sicher, ist es Gott, das Universum, oder, oder? Eines ist jedoch sicher, ich bin unendlich dankbar, dieses Buch geschenkt bekommen zu haben. Es hat mir und unseren Kindern die Kraft gegeben, die wir brauchten, um diesen Schicksalsschlag zu überstehen. Es würde mich sehr freuen, sehr geehrte Frau Mohr, wenn diese Geschichte auch anderen Menschen, Lesern, Mut und Hoffnung machen könnte.

Mit freundlichen Grüßen"

T.P.

Ich bin sprachlos, was für große Wunder bei manchen Menschen durch meine mir völlig harmlos vorkommenden kleinen Wunder ausgelöst werden, und ich freue mich sehr, wenn sie mir davon auch noch schreiben.

Vermutlich habe ich gerade so eine Art Sekretärinnenjob beim Universum. Irgendwer da oben scheint zu finden, daß wir allmählich hier unten mal hinmachen sollen mit dem Selbsterschaffen, Selbst-Verantwortung-Übernehmen und es nicht so furchtbar kompliziert machen sollen, denn das ist gar nicht nötig.

Dann haben sie nachgesehen, wo auf der Erde sie einige grundsätzlich etwas schlichte und leicht faule, aber schreibfreudige Personen finden, und denen haben sie dann ein paar Grundideen eingegeben und sie einfach losschreiben lassen. Und ich bin halt eine davon, die diese Schwingung von: „Es darf einfach sein, und das Universum hilft dir, auch wenn du es völlig unheilig angehst" aufgefangen hat und sie nun in Worte faßt.

Bei einigen Lesern wiederum kommt offenbar in oder zwischen den Zeilen etwas rüber, das das Verständnis für diese Energie in ihnen weckt, und sie wenden es in zum Teil unglaublicher Weise an.

Mal angenommen, du hast ein Gesundheitsproblem, und bei dir ist noch kein derartiges Wunder eingetreten. Was kannst du in die Reklamation ans Universum schreiben? Vielleicht sollte deine erste Bestellung dem „Frieden mit dem IST-Zustand" gelten.

Byron Katie, die Erfinderin von „the work",

einer sehr einfachen Selbsterforschungstechnik, die dabei hilft, Frieden mit dem IST-Zustand zu schließen, sieht es beispielsweise so: „Manche Menschen erleben in einem oder fünf Jahren mehr Schönes als andere in einem ganzen Leben. Wenn du einen Tumor hast, dann ist dieser Tumor dein Guru. Er will dir sagen: Lebe JETZT glücklich!

Alles, was du im Leben wirklich willst, ist, JETZT glücklich zu sein. Das kannst du haben, wenn du dein Denken änderst. Niemand zwingt dich, wegen eines Tumors unglücklich zu sein. Das klingt für manche wie ein radikales Denken, aber die Wahrheit ist, daß das Denken das Unglück verursacht und nicht der Tumor!"

Zu einer dicken Frau sagte Byron Katie einmal: „Ein Problem ist für uns oft das ‚Anderssein' als andere. Wenn alle dick wären, würde unser Denken es weniger verurteilen. Unser Denken verurteilt die Individualität, es will so sein wie alle anderen. **Aber so zu sein wie alle anderen verhindert das Erleben von Glück!**"

Nach diesem letzten Satz sollte man vielleicht eine Lesepause einlegen, sich zurücklehnen und darüber nachdenken, was er für das eigene Leben bedeutet.

Bestellungen funktionieren immer dann am besten, wenn du nichts brauchst, und wenn

es um Krankheiten geht, ist es am aller-
schwersten und gleichzeitig am allerwichtig-
sten, das Gefühl, nichts zu brauchen, sowie
den „Frieden mit dem Ist aufzubauen".

Wunder sind immer möglich, wenn man in
der Lage ist, Kraft aus dem Moment heraus
zu tanken und nicht gedanklich in der Vergangenheit oder Zukunft steckenzubleiben.
Das gelingt nur im Zustand des inneren Frie-
dens.

Daß sogar eine schwere Lähmung von jetzt
auf sofort verschwinden kann, zeigt der Fall
des kleinen Francis Pascal. Im Alter von drei
Jahren erkrankte er an Meningitis und war
danach blind und teilweise gelähmt. Ein Jahr
später, im Alter von vier Jahren, war er nach
zwei Eintauchungen in der Grotte von Lour-
des auf der Stelle wieder vollständig geheilt.

Solche Dinge geschehen nicht nur in Lour-
des, sondern auch bei Sri Sathya Sai Baba in
seinem Ashram in Indien, bei dem Geistheiler
Stephen Turoff in London (er behandelt derzeit 300 Patienten am Tag), bei Dr. Fritz in
Brasilien und an den verschiedensten Orten
der Welt jedes Jahr, jeden Monat und vermutlich sogar jeden Tag mindestens einmal irgendwo auf der Erde.

Ob DU eine oder einer davon bist, die den
Zugang zu dieser Kraft und Energie finden,
das kann dir niemand sagen, außer eben jene

Kraft in deinem Inneren, d.h. das Universum persönlich. Wenn wir in der Lage sind, uns einer solchen Energie genügend zu öffnen, dann können die Wunder geschehen.

Innerer Frieden eröffnet mir Möglichkeiten, und Frust, Wut und Verbitterung verschließen mir Möglichkeiten. Probier' im Winter bei minus zehn Grad draußen doch mal folgendes aus: Wenn du dich stark anspannst und innerlich zusammenziehst, wird es dir nicht wärmer, im Gegenteil. Halte mal inne, entspanne dich, und tu so, als wäre es ganz warm und als würde dir von überall aus dem Universum wärmende Energie zufließen. Da Kälte keine gefährliche Krankheit ist und du jederzeit mit der Übung wieder aufhören kannst, wird sie dir vermutlich zumindest für kurze Zeit ganz gut gelingen, und du wirst merken, wie das Kältegefühl verschwindet und du dich im energetisch offenen Zustand viel wohler und wärmer fühlst als angespannt. Die Kunst liegt dann darin, offen für die Energiezufuhr zu bleiben, auch wenn die Nase rot anfriert.

Wenn du nun Heilung beim Universum bestellst, dann wird höchstwahrscheinlich nur in einigen Fällen eine Heilung durch die Kraft des Universums eintreten, so wie in dem Beispiel aus dem Leserbrief. Vielleicht fühlst du aber in den nächsten Wochen durch eine

bestimmte Heilweise besonders angesprochen, und das ist dann die, die dir weiterhelfen kann.

Wenn es nicht gleich klappt, kannst du dir
Kontakt zu Menschen bestellen, bei denen
es bereits funktioniert hat, so daß dein Vertrauen gestärkt wird. Du kannst dir auch Hinweise bestellen, warum es bei dir noch nicht
funktioniert hat, du kannst dir Frieden mit
deiner Situation bestellen und Ideen, wie du
dennoch glücklich wirst.

Und wer schon eher am Ende seines Lebens angelangt ist, kann sich verstärkten
Kontakt mit seinen geistigen Führern bestellen, so daß er sich immer geborgen fühlt, mit
einem guten Freund an der Seite.

Für jede überstandene Schwierigkeit kannst
du dir einen Bonus und eine positive Überraschung bestellen. So etwas liefert die Rekla-
mationsabteilung jederzeit gerne, und es ist
vor allen Dingen auch leichter und funktioniert auch bei Anfängern und Zweiflern.

Wenn du dich dann wieder etwas beruhigt
hast, kannst du ja noch mal Wunderheilungen aller Art studieren und mit frischem Mut
daran gehen, deinen eigenen Zugang zu deinem persönlichen Wunder zu finden.

Geben tut es ihn, diesen Zugang, denn wir
sind letztlich alle ein großes Ganzes. Nämlich unter anderem lauter Elektronen, die um

Atomkerne flitzen und deren Energien und Schwingungen sich überlagern. Die scheinbaren Grenzen – „hier bin ich und da fängst du an" – sind eher eine optische Täuschung, die uns eine Illusion vorgaukelt. In Wirklichkeit überlagert und beeinflußt sich alles, und alles ist eins und miteinander verbunden.

Wenn nur einer von uns eine Wunderheilung erleben kann, dann hat das Potential dazu grundsätzlich jeder. Denn entweder wir haben es alle oder keiner. Etwas anderes ist nicht möglich, weil wir alle eigentlich nur eins sind.

8 Grenzen der Lieferungen

Gibt es Liefergrenzen für unsere Bestellungen, und wenn ja, wo verlaufen sie? Wenn die Welt das ist, was wir von ihr denken, dann müßte doch letztlich alles möglich sein.

Letztlich schon, aber wir sind gerade nicht bei letztlich, sondern mittendrin, und es scheint so, als gäbe es in unserer Realität so etwas wie gemeinsame Spielregeln, auf die wir uns geeinigt haben. Wir verschieben und verändern diese Spielregeln zwar ständig, denn paranormale Phänomene aller Art nehmen immer mehr zu. Sie hier alle aufzulisten würde die Grenzen dieses Buches sprengen. Wer sich hierfür interessiert, sehe im Anhang nach.

Aber trotz der Zunahme solcher Phänomene gibt es Dinge, die so weit außerhalb der Grenzen sind, daß sie zumindest sehr schwer zu bestellen sein dürften.

Ich bezweifle beispielsweise, daß es möglich ist, sich zu bestellen, daß ab sofort alle Nasen hinten anwachsen sollen.

Auch die Bestellung: „Ich möchte Königin von Deutschland werden" dürfte ihre natürlichen Grenzen haben. Weinkönigin oder Faschingskönigin könnte ich noch werden, aber mehr ist wohl im Moment nicht drin. ☺

Die effektive Mitarbeit am Weltfrieden als einzelner stellt hingegen ebenso wenig eine Grenze dar wie für viele Menschen auf der Welt, etwas gegen Hunger und Armut zu unternehmen.

Auch ausführliche Berichte dazu würden die Grenzen dieses Reklamationsratgebers sprengen. Wen es zur Inspiration interessiert, der kann sich mein Video *Herzenswünsche selbst erfüllen* ansehen (Näheres dazu siehe Ende des Buches). Im zweiten Teil davon wird beispielsweise Prof. Muhammad Yunus vorgestellt und interviewt, den ich bereits in einem meiner Bücher erwähnt habe. Er hilft mit Kleinstkrediten völlig mittellosen Menschen in Bangladesh, der Armut zu entkommen und sich ein Haus zu bauen, anstatt sich wie zuvor nachts mit Zeitungen und ähnlichem zuzudecken. Durch seine Minikredite sind bereits 10 Millionen Familien der Armut entkommen. Gegründet hat er seine Bank für die Armen mit ganzen 27 Dollar Startkapital.

Dan Carlson ist ein weiteres Beispiel dafür, wie viel Einzelpersonen bewirken und was für großartige Ideen sie beim Universum anfordern können. Er hatte eine völlig verrückt klingende Eingebung für eine Erfindung gegen Hunger in Regionen mit schlechtem Nährboden. Seine Klangtherapie für Pflanzen läßt die Pflanzen schneller wachsen und außerdem größer und nährstoffreicher werden.

Marshall Rosenberg, der Dritte im Bunde, der als einzelner an globalen Zielen arbeitet, trägt sehr effektiv einiges zum Frieden auf der Welt bei. In Israel gibt es bereits 300 Trainingszentren für die von ihm erfundene „gewaltfreie Kommunikation", in denen israelische und palästinensische Kinder gemeinsam neue spielerische und friedliche Wege des Umgangs miteinander erlernen. Seine Vision ist es, daß sich diese Kinder, wenn sie groß geworden sind, weigern werden, wie ihre Väter aufeinander einzuschlagen.

Marshall ist auch einer von den Menschen, die ihre Arbeit keineswegs mit tierischem Ernst und hartem Drill betreiben, ganz im Gegenteil. Mit seinen lustigen Ideen und kindlichen Symbolen trainiert er ganz ungeniert selbst Regierungsabteilungen, und die Teilnehmer hören andächtig zu, wenn er mit Handpuppen und Gitarre sein Modell der gewaltfreien Kommunikation lehrt.

Im Kapitel „Die Giraffensprache" steht mehr über seine Arbeit und auch ein Spezialtip, wie man seine Energie besonders gut aufbauen und sich stärken kann.

9 Annahmeverweigerungen

Ein klassischer Fall ist dieser: Der kosmische Bestellservice liefert, steht mit dem Paket in der Hand neben einem Besteller, und der Universumskunde wirft einen angewiderten Blick auf den Lieferboten (entspricht nicht dem inneren Bild eines himmlischen Paketdienstes), dreht sich um und geht. Typischer Fall von Annahmeverweigerung.

Ich mache so etwas auch immer noch des öfteren und brauche immer noch lange, um es zu kapieren. Eigentlich weiß ich ja, daß das Universum, wenn es mir etwas ausliefern will, dies tut, indem es mit irgendeiner Kleinigkeit meine Aufmerksamkeit auf sich zieht, und wenn ich dieser Kleinigkeit dann nachgehe, versteckt sich dahinter eine meiner Lieferungen.

Nun gibt es mehrere Möglichkeiten, die Aufmerksamkeit von jemandem zu erregen: Entweder mit etwas besonders Schönem, Angenehmen, so daß man sich gleich angezogen fühlt – oder durch etwas besonders Negatives, Schräges, bei dem man auch nicht mehr wegsehen kann. Dinge, die gar nichts mit einem zu tun haben, die übersieht man einfach, als wären sie nicht da. Sie erregen keine Aufmerksamkeit in uns.

Ein konkretes Beispiel: Ich stand in einer fremden Stadt am Bahnhof, und mein Abholdienst war nicht da. Ich hatte nicht nur keine Ahnung, wo mein Hotel sein könnte, ich hatte auch noch den Namen vergessen und den Zettel zu Hause vergessen. Was also tun? Neben mir stand eine Frau, die mir auf den ersten Blick mega-unsympathisch war. Ich fand, sie war abartig gekleidet, blickte total plemplem drein und war auch noch stolz darauf. Wäre ich nicht innerlich gestresst gewesen, hätte ich sie vielleicht urig gefunden, aber so fand ich sie greulich.

Beim Universum hatte ich mir irgendeinen Hinweis bestellt, damit mir der Name des Hotels wieder einfiel, und ich sprach die verschiedensten Leute an, ob sie Hotels in der Stadt kennen würden. Natürlich kannte sich keiner aus. Irgendwann dämmerte es mir: Wer ist mir denn hier als erstes und am deutlichsten ins Auge gestochen? Genau die Person muß ich ansprechen. Gedacht, getan. Und wie hätte es anders sein können: Die urig-greuliche Person fuhr zur selben Veranstaltung wie ich und somit auch ins selbe Hotel. Ich konnte sogar bei ihren Abholern mitfahren. Uff, die Lieferung hatte ich gerade noch abgeholt, kurz bevor sie weg war.

Ein Freund von mir bestellte sich eine Gelegenheit, eine bestimmte Frau kennenzulernen, die er in seinem Lieblingscafé gesehen hatte. Er traf dieselbe Frau noch dreimal wieder, und einmal war sie sogar alleine da. Leider traute er sich kein einziges Mal, etwas zu unternehmen, oder sie anzusprechen.

Das erinnert mich an mich selbst. Ich war mal bei einer Veranstaltung mit etwa 300 Teilnehmern und wollte den Redner gerne persönlich etwas fragen. Das Universum und der Redner schienen einverstanden zu sein, denn er lief mir dauernd über den Weg, ohne daß ich ihm absichtlich hinterhergerannt wäre.

An der Getränketheke stand er plötzlich auch noch neben mir, und wir warteten zusammen, bis wir dran waren. Falls einer glaubt, ich hätte ihn nun endlich angesprochen, täuscht er sich. Ich dachte in dem Moment nämlich: „Der arme Mann, bestimmt nervt es ihn schon tierisch, permanent von Hinz und Kunz wegen allem möglichen angelabert zu werden. Ich halte besser den Mund."

So etwas wie in meinem Fall und in dem meines Freundes kann man schon nicht mehr als verpaßte Gelegenheit bezeichnen, es ist eher eine verjagte Gelegenheit.

Wenn ich versucht hätte, den Mann zu er-

reichen, und der „Zufall" hätte es so einge-
richtet, daß es nie klappt, dann wäre das eher
ein Zeichen gewesen, ihn in Ruhe zu lassen.
Aber das Universum hat ihn mindestens drei
ganze Minuten lang schweigend neben mich
gestellt, und ich Depperl habe nichts gesagt.
Unfaßbar!

Ein Beispiel für eine gelungene Lieferannah-
me möchte ich aber auch noch nennen:

Ein anderer Freund von mir, süße 23 Jahre
alt, war in der Disco und sah eine junge Frau,
die ihm gefiel. Ihm fiel auf, daß sie an ihrer
Unterlippe herumbastelte und offensichtlich
das Kügelchen von ihrem Piercingschmuck
verloren hatte, denn sie schaute suchend auf
der Tanzfläche umher.

Jener Freund von mir erkannte sofort seine Chance und bestellte sich in Gedanken
beim Universum, daß doch bitte er ganz
schnell das Kügelchen finden möge, denn
dann hätte er einen Grund, sie anzusprechen.
Er schloß die Augen, entspannte sich und
versuchte, aufkommenden Gedanken nicht
mehr nachzugehen, sondern sie einfach vor-
überziehen zu lassen (er schickte damit den
bewußten Verstand, der das Kügelchen mit
Logik sowieso nicht finden kann, schlafen).
Er hatte von mir gehört, daß es ganz sinnvoll
sein könnte, in solchen Momenten die Bestellung „loszulassen" und sich in kindlicher

Selbstverständlichkeit den Kräften des Universums anzuvertrauen ("Loslassen" im Gegensatz zu sorgenvollem und ängstlich zweiflerischem Herumwälzen im Kopf).

Sobald er sich ganz relaxed und frei von jedem Gefühl des zwanghaft verkrampften Wollens fühlte, öffnete er die Augen und sah am anderen Ende der Tanzfläche etwas aufblitzen. Er ging sofort darauf zu – uuund: natürlich war es das verlorengegangene Kügelchen, und die neue Bekannte freute sich riesig, als er es ihr brachte.

Eine andere Form der Annahmeverweigerung ist das Festhalten an schlechten Stimmungen und Problemen der Vergangenheit. Mit dem 23jährigen Freund aus dem Beispiel von gerade eben habe ich mich neulich darüber unterhalten, daß ich manchmal im Leben ganz schön masochistisch bin. Da saß ich doch neulich mit meinem süßen und supertollen Partner entspannt auf einem Berg und genoß die Aussicht, bis plötzlich jemand vorbeiging, der mich an einen Exfreund erinnerte, mit dem ich öfter Streit gehabt hatte. Schon verdarb ich mir die Stimmung und die Aussicht in der Gegenwart damit, daß ich in Gedanken irgendeinen alten Kram hin- und herwälzte und mich total darüber ärgerte.

"Stimmt", sagte jener Freund von mir. "Meine Ex, die nehme ich auch öfter dafür her, mir die Zeit mit schlechten Gedanken zu vermiesen..."

Und hier kommen wir zu den Annahme-verweigerungen. Stellen wir uns vor, in so einer Stimmung würden sich uns zwei Gelegenheiten bieten. Die eine würde uns zum wiederholten Erleben alter Probleme führen, und die andere würde uns das liefern, was wir uns wünschen. Aufgrund unserer momentanen inneren Resonanz werden wir uns magisch von der schlechteren Gelegenheit angezogen fühlen und die andere kaum bemerken.

Das Universum gibt sich alle Mühe, uns mit allem zu versorgen und uns ein schönes Leben zu liefern, und was machen wir? Wir vertun die Zeit mit Gejammer und negativen Gedanken und übersehen glatt die Lieferungen, weil wir so damit beschäftigt sind, uns über irgendeinen Unsinn zu ärgern.

Mit einem anderen Freund von mir, der 87 Jahre alt war (inzwischen lebt er nicht mehr) und auch in diesem Alter noch als Naturheilarzt praktizierte, habe ich oft die Auswirkungen verschiedener Qualitäten von Gedanken getestet. Er testete Allergien und Verträglichkeiten mit dem Auriculo Cardialen Reflex aus. Der Patient nimmt dabei den zu testenden Stoff in die Hand, und der Arzt hält ihm einen Polarisationsfilter vor das dritte Auge (Punkt zwischen den Augenbrauen). Das Energiefeld des Menschen befindet sich im Lot, wenn wir geistig, seelisch und körperlich gesund sind. Je kränker wir sind oder je stärker belastend ein Stoff auf unseren Körper wirkt, desto mehr gerät unser Energiefeld aus der Balance und kippt Richtung Waagerechte ab. Hält man nun den Polarisationsfilter, der nur in einer Richtung lichtdurchlässig ist, vor das dritte Auge und dreht ihn langsam, dann gibt es in dem Moment einen Ausschlag im Puls, und daran erkennt man, daß das vom dritten Auge ausgehende wellenförmige Energiefeld durch den Filter hindurchgehen kann. Aufgrund der Neigung des Filters weiß man dann, wie stark die Abweichung vom vollkommen gesunden Zustand ist.

Ich habe bei diesen Tests ein Gift (ein starkes Pestizid beispielsweise) in die Hand genommen, und wir haben getestet, wie weit mein energetisches Lot abkippt. 50 Grad Neigung waren keine Seltenheit, wenn ich solch ein Gift in der Hand hielt. Dann probierten wir einen Trick. Ich behielt zwar das Gift in der Hand, dachte dabei aber an eine der schönsten Situationen meines Lebens. Und siehe da, das Lot blieb jetzt bei 5 Grad, was damals mein Basiswert war. 0 wäre der ganz optimale Wert, aber er kommt nur sehr selten vor.

Im Laufe der Zeit führten wir den Test mit den verrücktesten Dingen durch. Mal stellte ich mir einfach vor, daß ganz viel Licht in meinen Körper kommt oder daß sich ein Lichtschutzmantel um mich bildet. Fast immer hatten solche Gedanken zur Folge, daß das Gift keine Auswirkungen auf mein energetisches Lot mehr hatte.

Wir haben auch mit allen möglichen Stoffen und Symbolen herumexperimentiert und Sondertests gemacht, wenn ich gerade erkältet war. Manchmal saßen wir am See und diskutierten neue Testvarianten. Aber immer kam dasselbe dabei heraus: Wenn es mir gut geht und ich in einer positiven Stimmung bin, dann können belastende Umwelteinflüsse mir weniger anhaben. Wenn ich allerdings schlecht drauf bin und stelle mir einen Lichtschutzmantel vor, dann hat er kaum noch eine Wirkung. Meine schlechte Stimmung ist dann offenbar wie ein schwarzes Loch, das Licht frißt, und dann bringe ich nicht mehr genug Kraft auf, um mein Lot gerade zu halten.

Einfach nur den Gedanken zu rezitieren, „ich stelle mir Licht um mich herum vor", nutzt in so einem Fall recht wenig (ein bißchen manchmal schon, aber eben wenig). Ich muß meine Stimmung mitverbessern, und dabei helfen mentale Konstrukte oder reines positives Denken wenig bis gar nichts.

In solchen Fällen habe ich mich dann eine Weile in die Natur oder an den See gesetzt, meditiert und mir beim Universum eine andere Perspektive und das Wiedererwachen der Freude in mir bestellt. Im entspannten, offenen Zustand konnte sich dann meine Stimmung ganzheitlich wieder ändern, und ich fühlte mich wieder besser.

Danach klappte es wieder mit der Vorstellung von Licht. Selbst, wenn ich noch nicht wieder ganz fröhlicher Stimmung war, genügte dieser Zustand, um allmählich wieder zu spüren, was ich tief in mir ja weiß, daß nämlich der Himmel hinter den Wolken letztlich immer blau ist.

Fazit: Positiv denken alleine reicht nicht. Wir müssen uns öffnen für eine Sichtweise des Lebens, bei der wir in wirklichem inneren Frieden sind mit allem, was ist – eine Sichtweise, bei der wir unsere gesamte Wahrnehmung auf das Schöne statt auf Probleme ausrichten.

Aber zum Glück ist es ja eigentlich ganz einfach und obendrein angenehm, das zu erreichen: Man braucht nämlich nur netter zu sich selbst zu sein! Wenn ich mir bewußt in der Gegenwart selbst Gutes tue, dann deautomatisiere ich damit alle Gefühle und Wahrnehmungen und bin offen für Neues und für schöne Lieferungen.

Mit „mir selbst Gutes tun" meine ich Gutes für die Sinne und das Erleben und Empfinden, beispielsweise durch Freude an zwischenmenschlicher Nähe, durch Meditation, Entspannung, Aufenthalte in der Natur. Ich meine sicher nicht, sich selbst Gutes tun im Sinne von Frustkäufen oder Fernsehen, weil mir nichts anderes einfällt. Das bringt gar nichts.

Die einzige Falle dabei, sich selbst zu verwöhnen, besteht darin, zu faul zu sein, um nett zu sich selbst zu sein, und statt dessen zu lange negativen Tagträumen nachzuhängen. Denn dann wird aus letzteren eine unbewußte negative Bestellung, und unser Geschenkpaket geht mit dem Vermerk „Annahme verweigert" ans Universum zurück.

Also: Immer schön nett zu dir selbst sein und fühlen, was dir wirklich guttut. ☺

10   Lieferbedingungen (Kleingedrucktes)

Auch im Umgang mit dem Universum ist es nicht ganz unwichtig, das Kleingedruckte in den Lieferbedingungen zu lesen. Wenn die Lieferbedingung des Universums die ist, daß meine Gedanken und Gefühle Realität schaffen, dann meinen die Jungs da oben das ernst.

Mit hundert negativen Gedanken oder noch mehr (von 50.000 Gedanken, die ich durchschnittlich pro Tag so denke) annulliere ich nun mal meine eine positive Bestellung irgendwann, denn die negativen Gedanken werden ebenso zur Bestellung wie die positiven. Das heißt, nicht ganz. Denn zu unserem Glück hat das Leben eine Art Selbstschutzpuffer in dieses System eingebaut. Positive Gedanken haben eine stark ordnende Kraft und verwirklichen sich relativ direkt, wenn sie naiv, lichtvoll und leicht mit kindlicher Selbstverständlichkeit gedacht und geäußert werden.

Ängste, Sorgen, Zweifel und Befürchtungen dagegen sind meist eher ungeordnet, sumpfig und kraftlos. Sie leuchten nicht, haben wenig Licht und damit auch wenig Umsetzungskraft in der Materie. Denn das Licht ist ja, wie zumindest Aivanhov und mit ihm viele Mystiker es sehen, die Grundkomponente beim Erschaffen von Realität. Zu Beginn bewirken düstere Gedanken daher lange nichts anderes, als daß wir auch in den besten Situationen krankhaft nur Schlechtes sehen, und erst durch sehr lange und störrische Wiederholung erschaffen sie auch direkter eine eigene Wirklichkeit. Aber eigentlich erschaffen sie vorwiegend gar nichts, und das Problem besteht darin, daß wir dann unseren alten Prägungen ausgeliefert sind, die von alleine weiterlaufen, solange wir nicht bewußt etwas dagegensetzen.

Licht ist der Baustein, aus dem Realität entsteht. Ein lichtvoller positiver Gedanke besteht somit aus viel Baumaterial und ein düsterer Jammergedanke aus nur ganz wenig. Glück für uns, denn genau deshalb funktionieren Bestellungen beim Universum auch um so besser, je mehr wir unser eigenes Licht scheinen lassen und nett zu uns selbst sind.

Ein Punkt im Kleingedruckten lautet „Handlungsbedarf". Und da steht ganz klar und deutlich in den universellen Lieferbedingungen:

Je schlechter deine Intuition ist, desto mehr Handlung ist nötig, um etwas zu erreichen.

Je negativer deine Wahrnehmungsausrichtung ist, das heißt, je mehr du dich in Gedanken mit den schlechten, dunklen und lichtlosen Seiten des Lebens befaßt, desto mehr Handlung ist nötig, um etwas zu erreichen, denn dir fehlt das Baumaterial Licht, das den Großteil deiner mühseligen Handlungen ersetzen könnte.

Kurz gesagt: Jeder Mangel an Freude muß durch mehr Handlung ersetzt werden.

Laß dein Licht leuchten, liebe dich selbst bedingungslos, und bleibe immer im Dialog mit deiner inneren Weisheit, dann kannst du dir den größten Teil deiner bisherigen Handlungen sparen. Die Dinge, die du brauchst und möchtest, werden von ganz allein ihren Weg zu dir finden. Das Licht, das du ausstrahlst, wird ihnen den Weg weisen, und deine Intuition wird dich informieren, wann es Zeit ist, ihnen auf den Stufen zu deiner Haustür entgegenzugehen.

11   Sei nett zu dir

Wir sind nun schon mehrmals zu dem Ergebnis gekommen: Wer sich selbst mag und sich gern spürt, der hört automatisch auch die Stimme seiner Intuition. Wer sich dagegen selbst nicht so mag oder es vermeidet, sich selbst zu deutlich wahrzunehmen, um den „Schmerz" nicht zu fühlen, der fühlt damit automatisch auch die Intuition nicht.

In diesem Kapitel möchte ich noch ein paar Detailhinweise geben, wie man der optimalen Grundschwingung für erfolgreiches Bestellen immer näher kommt und in welchen Bereichen sich das auswirkt:

- Je eiliger ich es habe, desto weniger erlebe ich wirklich. Je größer meine Angst ist, etwas zu verpassen und je mehr ich deshalb von einem Ort zum anderen renne, desto mehr verpasse ich. Das ist wie bei den Leuten, die von Silvesterparty zu Silvesterparty hecheln, immer in der Angst, auf einer anderen Party könnte „mehr los" sein und sie verpassen es gerade.

Je eiliger sie von Ort zu Ort rennen und nirgendwo richtig ankommen, desto sicherer verpassen sie die wirklichen Qualitäten im Erleben.

Übe dich im Vertrauen, daß du mit ein paar kleinen Inspirationen deines inneren Beraters auch die schlechteste Party aller Zeiten zu einem tollen Erlebnis für dich werden lassen kannst. Du brauchst dazu auf niemand anderen zu warten.

- Man sollte seine eigenen Bestellungen nicht mit ständigen Zweifeln, Ängsten und Umbestellungen annullieren. Eine Leserin schrieb mir, daß sie jedes Mal, wenn sie sich selbst bei ängstlichem Hadern mit Zweifeln und Hin- und Herüberlegungen ertappt, eine Nachricht ans Universum sendet: „Diese Aussage wird nicht zu Protokoll genommen. Das waren nur meine alten Muster, bitte nicht beachten." Danach hat sie das Gefühl, nicht die Bestellung, sondern die störenden Annullierungsgedanken ausgelöscht zu haben, und fühlt sich wieder gut mit sich selbst.

Es ist völlig egal, welche Methode du dir ausdenkst, was zählt, ist nur, daß du hinterher ein gutes Gefühl dabei hast. Wie du das erreichst, ist völlig deiner eigenen Kreativität überlassen.

- Es ist sinnvoll, sich von alten Ängsten zu befreien, indem man „reines Sein" übt. Kinder sind immer ganz im Augenblick, es kann daher helfen, mit Kindern zu spielen. Sie holen uns ganz in das reine

Sein der Gegenwart. Mit Tieren ist es ähnlich.

Entspannungsübungen, bei denen wir einfach nur beobachten, was ist, wirken ebenfalls in diese Richtung: Wie fließt mein Atem, wo fließt er, wie fühlen sich Bauch, Brust und Kopf an? Wie sitze ich, wo sind die Auflageflächen zum Boden? Einfach nur beobachten, ohne zu werten, hilft, in die Gegenwart zu kommen, und dies löst automatisch Ängste auf.

In der Natur zu meditieren, einen Sonnenaufgang zu beobachten und sich vorzustellen, wie man das Licht in sich aufnimmt und speichert, ist ebenfalls sehr hilfreich. Bei Spaziergängen die Natur aufmerksam zu beobachten oder verschiedene Bäume zu umarmen und ihre Unterschiedlichkeit zu spüren holt uns ebenfalls ins reine Sein. „Wie flattert das Blatt am Baum im Wind?" ist eine gute Frage, und man kann das Blatt lange studieren, ohne daß es einem langweilig wird, wenn man wirklich ganz bei der Sache ist.

- Die eigene Energie anzuheben ist wichtig, damit man die universellen Lieferungen auch auf Dauer rechtzeitig wahrnimmt. Denn sonst wählt man automatisch die düsteren Gelegenheiten anstelle der lichtvollen, weil man sich ihnen aufgrund der eigenen schlechten Stimmung näher fühlt.

Die Energie anheben kann man mit allem, woran man sich freuen kann. Ein Freund von mir, 39 Jahre alt, hat sich gerade eine Spielzeug-Rennbahn de luxe gekauft und ruft dauernd an, um mir zu erzählen, was für eine geniale Erweiterung er sich gerade wieder zugelegt hat und was man damit alles machen kann. Er ist total begeistert und mit Sicherheit auf dem Höhepunkt seiner Energie. Kindliche Spiele sind nicht nur auch für Erwachsene erlaubt, sie erhöhen zudem die Energie, wenn wir Spaß daran haben, und sind daher sehr wertvoll und nützlich!

Wer gerne meditiert, kann es tun. Wer es nicht mag, sollte es lassen. Ist doch ganz klar. Wenn du es nicht magst, wie soll es dir dann Energie geben? Wer lieber skifläuft, tut besser das.

Zwischenmenschliche Nähe und vertraute Gefühle erhöhen immer die Energie.

Auch gute Massagen sowie leichter, angenehmer Sport und Bewegung an der frischen Luft erhöhen die Energie.

Schweres Essen und mit Bier und Chips vor dem Fernseher zu sitzen nimmt Energie, aber das hat wohl fast jeder schon gemerkt. Ein entspannendes heißes Bad kann dagegen wieder Energie geben. Es gibt mindestens tausend Möglichkeiten, werde selbst kreativ. Denn gute eigene Ideen zu haben und umzusetzen erhöht auch gleich wieder die Energie.

Etwas zu tun, das das eigene Leben oder das Leben von irgendwem verbessert, erhöht ebenfalls sehr stark die Energie, auch wenn es oft zunächst wie Arbeit aussehen mag. Probier es aus, mit welcher Art von Lebensverschönerung für dich und andere du dir selbst am meisten Energie geben kannst.

- Ein Bekannter von mir bezeichnet Probleme aller Art als „Entwicklungshelfer", denn Probleme können ebenfalls unsere Energie anheben, wenn wir richtig damit umgehen. Was, wie, wo? Probleme sollen Energie geben? Stell' dir vor, ein Freund sagt einem anderen Freund zweimal hintereinander eine Verabredung ab, weil ihm etwas dazwischenkommt. Der versetzte Freund macht nun aus dieser Absage ein Problem und verkraftet es nicht, sondern versinkt in Selbstzweifeln und Depressionen und ruiniert damit schließlich die ganze Freundschaft. Dann hat er das Problem genutzt, um sich selbst von jeder Energie auszuleeren und sich total zu schwächen. Das war seine freie Wahl.

Er hätte die Situation auch zum Anlaß nehmen können, sich die vermeintlich fehlende Wertschätzung selbst zu geben, und hätte gestärkt daraus hervorgehen können. Er hätte über Alternativen der Wochenendgestaltung nachdenken können und hätte vielleicht, wie das Leben oft so spielt, bei einem Ersatztreffen mit einem alten Kollegen einen Hinweis auf seinen Idealjob bekommen. In diesem Fall hätte das Problem zu dem Hinweis geführt, daß anderswo ein noch viel besseres Treffen auf ihn wartet, und er wäre mit erhöhter Energie und froh aus dem Wochenende hervorgegangen, weil er sich selbst bewiesen hätte, daß er gut für sich selbst sorgen kann.

Nach Aussage meiner Steuerberaterin haben 98 Prozent der Leute, die plötzlich zu viel Geld kommen, bereits nach einem dreiviertel Jahr weniger Geld als je zuvor. Offenbar sind sie zu schwach, so viel unverhofftes Glück zu verkraften und richtig einzuordnen. Ein paar kleine Probleme im Vorfeld hätten ihnen gut getan, denn dann hätten sie sich daran schon stärken und üben können und wären nun für alle Zeiten saniert, statt mehr pleite denn je zuvor zu sein.

Betrachte doch einfach jedes auftauchende Problem als eine Vorbereitung zum riesengroßen Glückspaket und nutze es zur Vermehrung deiner Energie.

- Wenn du schlecht darin bist, Entscheidungen zu fällen, dann übe dich im Kleinen darin (Welchen Tee möchte ich trinken, wen möchte ich dieses Wochenende am liebsten treffen, welches ist mein Lieblingswanderweg etc. pp.). Und übe, Gelegenheiten zu ergreifen. Wenn du einkaufen gehst, dann halte dir vor Augen, daß das Universum anders kommuniziert, als wir Menschen dies untereinander tun. Wenn es uns etwas sagen will, dann lenkt es unsere Aufmerksamkeit auf das entsprechende Thema. Wann immer du also beim Einkaufen, an der Bushaltestelle oder sonstwo jemanden siehst, der auf irgendeine Weise deine Aufmerksamkeit erregt, sprich ihn an und plaudere ein wenig mit ihm. Wenn du das oft genug geübt hast und es kommt dann eine „große Gelegenheit" auf dich zu und du willst jemanden unbedingt ansprechen, dann hast du schon so viel Übung darin, daß es ein Klacks für dich ist, auch diese Gelegenheit nicht ungenutzt vorübergehen zu lassen.

Wenn dir das in Deutschland zu Beginn schwerfallen sollte, dann rate ich zu einem Amerikaurlaub. Dort ist es nicht normal, daß man jemanden anschaut, weil er einen irgendwie interessiert, und dann sieht man peinlich berührt schnell wieder weg, sobald der andere zurückguckt, sondern man grinst und sagt „hallo". Das tut dort jeder, egal ob an der Tankstelle oder in der Warteschlange vor der Kasse im Supermarkt. Genau das hat den Amerikanern den Ruf der Oberflächlichkeit eingetragen, weil sie mit Hinz und Kunz ein paar Worte wechseln und dann wieder auseinandergehen, und das war's. Auf diese Weise lassen sie sich keine Gelegenheit entgehen. Wenn dann ein Tip für den idealen neuen Job oder etwas ähnliches dabei ist, dann verpassen sie die Gelegenheit bestimmt nicht, sondern sie tauschen auch mitten auf der Straße an der Fußgängerampel Adressen aus, wenn es gerade paßt.

Man kann das aber genauso gut hier üben, auch wenn man öfter mal verwunderte Blicke ernten wird. Davon sollte man sich nicht irritieren lassen. Du kannst ja dann sagen: „Entschuldigung, wenn ich Sie gerade übermäßig verwirrt habe. Ich komme gerade von einem Amerika-Urlaub zurück, dort ist es normal, auf der Straße einfach mal ein paar Worte mit Passanten zu wechseln. Ich fand das so schön, daß ich es gleich hier fortsetze." Sicher kommt spätestens dann ein verständnisvolles Lächeln zurück.

- Geist, Körper und Seele abwechselnd und gleichmäßig zu pflegen erhöht Gesundheit, Wohlbefinden und Intuition ungemein. Es ist der optimale Nährboden für fruchtbare Dauerbestellungen beim Universum.

Da wir in der Regel die wenigste Übung darin haben, unsere Seele zu pflegen, ist das nächste Kapitel Marshall Rosenbergs gewaltfreier Kommunikationsmethode gewidmet. Ich hatte ihn im Kapitel „Grenzen der Lieferungen" schon ganz kurz erwähnt und finde seine Arbeit so inspirierend und reich an Weisheit und Witz, daß ich sie hier genauer vorstellen möchte.

Dem erfolgreichen Universumsbesteller und auch dem Reklamierer wird dabei sehr schnell klar werden, wie viele Lieferungen des Universums er vermutlich bisher einfach nicht erkannt hat und wo er es sich statt dessen nur unnötig schwer gemacht hat. Wir werden wieder einmal sehen, daß das Universum uns ständig alles anbietet. Die Frage ist oft nur, was wir aus den Gelegenheiten machen.

Besonders viel Zusatzenergie können wir außerdem tanken, wenn wir die „Giraffendankbarkeit" von Marshall anwenden. Was das ist, werden wir gleich sehen.

Auch an den Stellen über den „inneren Erzieher" sollten wir genau aufpassen, denn das ist auch so einer, der uns die vielen Geschenkpakete aus dem Universum entweder nicht zutraut oder meint, wir hätten sie nicht verdient. Bei Marshall können wir lernen, wie wir unseren inneren Erzieher umerziehen.

12   Die Giraffensprache

Die Giraffe ist das Landtier mit dem größten Herzen. „Giraffisch" ist daher die Sprache des Herzens und die Sprache, mit der man kriegerische Auseinandersetzungen beenden kann – mit anderen und mit sich selbst!

Marshall Rosenberg, der in den USA als weißer Jude in einem von Schwarzen bewohnten Viertel mit extrem hoher Kriminalitätsrate aufwuchs, erlebte als kleines Kind, wie ganze Gruppen von Menschen um ihn herum ermordet wurden. Er und seine Eltern überlebten, aber kaum kam er in die Schule, sah er sich der nächsten Unmenschlichkeit gegenüber. Er wurde wegen seines Nachnamens abgelehnt.

Während manche bei einer solchen Kindheitsgeschichte überfordert wären und sich in Depressionen zurückziehen würden, überlegte Marshall früh, was auf der Welt geändert werden müßte, damit solche Dinge einfach nicht mehr passieren können. Und er hat etwas gefunden und arbeitet seit 40 Jahren weltweit erfolgreich damit. Was er gefunden hat, nennt er heute die „gewaltfreie Kommunikation" oder auch „Giraffensprache".

Marshall arbeitet viel mit Bildern und kindlichen Vorstellungen. Letztere helfen auch den Erwachsenen, die „neue Sprache" schneller zu erlernen. Und so gibt es nach seiner Vorstellung eine Giraffen- und eine Wolfssprache. Unseren inzwischen vielfach schon normalen Umgangston nennt Marshall die „Wolfssprache" oder auch die „selbstmörderische Sprache". Kleine Babies und Kinder, die gerade anfangen, sprechen zu lernen, reden noch ganz automatisch giraffisch, aber durch Imitation und Nachplappern lernen sie ruckizucki die selbstmörderische Wolfssprache. Ein Beispiel: Stell' dir ein Baby vor, das in seinem Bettchen liegt, nachts Hunger bekommt und das, wenn es schon sprechen könnte, aus dem Bettchen schreien würde: „He Eltern, was ist los? Pennt ihr schon wieder voll egoistisch durch? Schiebt eure faulen Ärsche gefälligst aus dem Bett und fahrt mein Fläschchen an!"

Wenn Babys so kommunizieren würden (nämlich wölfisch), dann würden sie allesamt verhungern. Zum Glück „sprechen" Babys aber noch giraffisch und drücken lediglich ihre Bedürfnisse und Gefühle aus.

Und DAS genau ist die Giraffensprache: Man drückt aus...

...was ist (Situationsbeobachtung)

...wie man sich dabei fühlt (ohne Wertungen anzuhängen)

...welches eigene Bedürfnis dabei erfüllt oder nicht erfüllt wird.

Im positiven Fall kann man sich so auf giraffisch besonders effektiv bedanken (siehe weiter unten bei Giraffendank), im negativen Falle kann man sogar Konflikte schlichten. Eine Giraffe spricht aber nicht nur giraffisch, sondern sie hört auch mit Giraffenohren. Das heißt, sie hört nie eine Beleidigung oder eine Ruppigkeit. Die Giraffe hört hinter allem Gesagten die Gefühle und Bedürfnisse heraus und antwortet auf diese, nicht auf das Gesagte. Für Universumsbesteller heißt das, daß jemand mit geschulten Giraffenohren auch da noch positive Gelegenheiten für sich heraushört, wo andere nur „Angriff" hören. Eine Giraffe hat zig mal mehr konstruktive Gelegenheiten im Leben als ein Wolf.

Ein sehr deutliches Beispiel davon hat Marshall in Nigeria erlebt, wo er in einem Stammeskrieg vermitteln konnte. Es gab dort zwei Stämme, die so zerstritten waren, daß sie gegenseitig schon mehrere Hundert ihrer Stammesmitglieder umgebracht hatten. Ein Schüler von Marshall redete ein halbes Jahr lang auf beide Stämme ein, bis er sie überzeugt hatte, sich gemeinsam zu einem Gespräch mit Marshall zu treffen. In diesem halben Jahr waren bereits wieder weitere 63 Menschen umgebracht worden.

Zu dem Treffen, das schließlich arrangiert werden konnte, kamen die Stammeshäuptlinge sowie zwölf Mitglieder jedes Stammes und Marshall.

Marshall bat die beiden Häuptlinge, ihm zu berichten, welches ihrer Bedürfnisse der jeweils andere Stamm nicht befriedigen würde.

Häuptling A: „Die da drüben sind Mörder!"

Häuptling B: „Ihr wollt uns unterdrücken!"

Marshall hatte nach Bedürfnissen gefragt, bekam aber Anschuldigungen zu hören. Als Vermittler spitzte er nun seine „Giraffenohren" und versuchte die Gefühle und Bedürfnisse hinter den in Wolfssprache vorgetragenen Anschuldigungen herauszuhören. Er sagte zu Häuptling A: „Häuptling, verstehe ich Sie richtig, daß Sie ein Bedürfnis nach Sicherheit haben und daß Sie gerne möchten, daß Konflikte, egal wie groß sie sind, trotzdem so ausgetragen werden, daß alle Mitglieder Ihres Stammes keine Angst um ihr Leben haben müssen?"

Häuptling A: „Das ist genau das, was ich gesagt habe. Ja!"

Das war natürlich ganz und gar nicht das, was er gesagt hatte, aber es war das, was er letztlich meinte. Er hatte es in selbstmörderischer Wolfssprache ausgedrückt, und Marshall hatte es mit Giraffenohren gehört und in die Giraffensprache übersetzt.

„Warum hast du dann meinen Sohn umgebracht?" schrie sofort einer aus dem Stamm B. Marshall sagte darauf zu ihm und zu Häuptling B: „Häuptling, wir werden in Kürze zu den Bedürfnisse Ihres Stammes kommen. Könnten Sie so nett sein, zuvor das zu wiederholen, was Sie eben gehört haben?"

Häuptling B brauchte vier Anläufe, bis er den ins Giraffische übersetzten Satz so wiederholen konnte, daß Häuptling A sich richtig verstanden fühlte.

Dann wurden die Rollen getauscht. Marshall sagte zu Häuptling B: „Häuptling B, verstehe ich Sie richtig, daß Sie ein Bedürfnis nach Gleichwertigkeit haben? Sie möchten als Menschen genauso akzeptiert werden wie die Mitglieder von Stamm A." (Der eine war ein christlicher, der andere ein moslemischer Stamm).

„Genau das habe ich gesagt!" kam es auch von Häuptling B. Marshall hatte wieder treffend aus dem Wölfischen ins Giraffische übersetzt. Nun ließ er Häuptling A den Giraffensatz so lange wiederholen, bis Häuptling B zufrieden war.

In dem Moment stand ein anderes Stammesmitglied auf und sagte: „Wir können diese Art der Kommunikation nicht in einem Tag erlernen, aber wenn wir je gelernt hätten, so zu kommunizieren, dann hätten wir uns nicht umzubringen brauchen!"

Marshall freute sich sehr über diese Aussage, und das Treffen endete damit, daß sich viele Mitglieder aus beiden Stämmen freiwillig meldeten, um sich in Giraffensprache trainieren zu lassen und als Vermittler aufzutreten, sollte es wieder Probleme geben.

4jährige Kinder erlernen die Giraffensprache am schnellsten

Erwachsene brauchen oft intensive und wiederholte Trainings, um die Giraffensprache zu erlernen. Kindern dagegen kann man sie schon im Alter von vier Jahren beibringen, und sie erlernen sie in Kürze. Wie schon erwähnt, gibt es in Israel bereits 300 solcher Trainingsgruppen, in denen israelische und palästinensische Kinder gemeinsam trainieren. Marshall war einmal in einer dieser Schulen zu Besuch, in der alle Kinder die Giraffensprache erlernt hatten. Während Marshall mit der Lehrerin sprach, kamen zwei Jungs der ersten Klasse weinend zur Lehrerin gelaufen und baten um einen „Vermittler". Die Lehrerin rief in einen anderen Raum, und heraus kam ein 11jähriger Junge, der sich freiwillig als Vermittler des Tages gemeldet hatte, für den Fall, daß es „wölfische Probleme" geben sollte.

Marshall bekam als nächstes zu sehen, wie einfach und schlicht Kinder seine Technik umsetzen – und vor allem, wie schnell. Der Junge, der den Vermittler spielte, gab einem der beiden Kontrahenten eine Giraffenhandpuppe in die Hand, und dem anderen Kind setzte er selbstgebastelte Giraffenohren auf. Er selbst behielt eine Wolfshandpuppe in der Hand. Die Regel ist die, daß immer nur der sprechen darf, der die Giraffenpuppe in der Hand hält. Der Vermittler sagte: „Beobachtung!" und das Kind mit der Giraffe in der Hand sagte: „Ich war auf dem Fußballplatz, und er kam einfach daher und hat mich ohne jeden Grund gestoßen..."

Sofort machte der Vermittler mit seiner Wolfshandpuppe deutliche Mundbewegungen. Das Kind wußte sofort Bescheid und wiederholte seinen Satz ohne die dazugefügte Interpretation: „Er hat mich gestoßen!" Bei der Beobachtung dürfen nämlich nur die Tatsachen geschildert werden, und jede Interpretation muß weggelassen werden. Dies ist einer der Hauptpunkte, bei denen Erwachsene beim Erlernen der Giraffensprache lange Zeit scheitern. Ihr verletztes Ego hält es nicht aus, die Interpretationen wegzulassen, und braucht oft fünf oder sogar noch mehr Anläufe.

Das Vermittlerkind war mit dem neuen Satz zufrieden und sagte als nächstes, genauso schlicht wie zuvor: „Gefühle."

Kind mit Giraffe: „Ich fühlte mich verletzt, klein und unglücklich."

Vermittler: „Bedürfnisse."

Kind mit Giraffe: „Ich möchte geachtet und respektiert werden."

Vermittler: „Bitte!"

Kind mit Giraffe: „Ich möchte, daß du mich nicht mehr stößt."

Als nächstes forderte der Vermittler das zweite Kind auf, das Gehörte zu wiederholen. Kind 2: „Ich habe ihn gestoßen, er fühlt sich verletzt, klein und unglücklich und möchte geachtet und respektiert werden. Seine Bitte ist, daß ich ihn nicht mehr stoße."

Vermittler zu Kind 1: „Fühlst du dich verstanden?" Kind 1 schniefend brummelnd: „Ja."

Dann wurden die Giraffenpuppe und die Giraffenohren getauscht und das zweite Kind war an der Reihe.

Nachdem beide Kinder die Gefühle und Bedürfnisse des anderen gehört und verstanden hatten, fanden sie sehr schnell zu einer Lösung, mit der beide einverstanden waren. Marshall fragte eines der Kinder, wie es sich nun fühle. Das Kind antwortete, es sei sehr froh, denn vor dem Streit wäre der andere sein bester Freund gewesen, und er hätte ungern seinen besten Freund verloren.

Klingt sehr einfach, und dennoch brauchen Erwachsene oft ein bis mehrere Trainingswochenenden, um das Gleiche zu erreichen. Der Grund ist der, daß bei uns die Wolfssprache schon bis in die Tiefe gedrungen ist und wir auch mit UNS SELBST in Gedanken oft in Wolfssprache sprechen. Wir haben deshalb Mühe, die Giraffenohren aufzusetzen, weil wir die Wolfssprache so gewohnt sind.

Hier ein paar Tricks zum Erlernen der Giraffensprache:

Als erstes sollten wir ein „Bedürfnisbewußtsein" lernen (= Giraffenohren schulen). Das können wir folgendermaßen tun. Wir erstellen uns eine Liste, die drei Dinge enthält:

1) Was sagt mein „innerer Erzieher" zu mir, wenn ich „weniger als perfekt" bin? (Dinge wie: Du bist nicht gut genug, du bist zu blöd, das schaffst du nie, du benimmst dich peinlich etc. pp.)
2) Welche Begriffe benutze ich, wenn ich über andere urteile (laut oder in Gedanken)?
3) Liste von negativen Antworten, die ich von anderen bekommen könnte und vor denen ich mich fürchte.

Wenn wir diese Liste erstellt haben, übersetzen wir alle Punkte daraus in die Giraffensprache, nämlich in Bedürfnisse. **MERKE: Alle Wolfsbotschaften sind ärmlich und selbstmörderisch formulierte Bedürfnisse.**

Wir gehen also einfach unsere Liste durch, erinnern uns an die Auslöser zu den einzelnen Aussagen und fassen das Bedürfnis dahinter in Worte. Was ist MEIN Bedürfnis, das ich hinter dieser Wolfsbotschaft verstecke? Als nächstes mußt du raten, was das Bedürfnis des anderen sein könnte (bei den gefürchteten Antworten), wenn er so etwas sagt. Stell' dir vor, du würdest so handeln wie der andere. Was wäre dein verstecktes Bedürfnis in dieser Situation?

Giraffen-Dankbarkeit

Dankbarkeit zu üben ist ein weiterer wichtiger Punkt beim Erlernen der Giraffensprache und besonders wichtig für uns, wenn wir unsere Energie stärken wollen, damit wir keine der universellen Lieferungen verpassen. Dankbarkeit ist sozusagen der „Treibstoff" der Giraffen. Aber auch Dankbarkeit kann man auf giraffisch und wölfisch ausdrücken. Stell' dir vor, jemand sagt zu dir: „Du hast deinen Job ganz auszeichnet erledigt, du bist in dieser Tätigkeit der Champion." Wie fühlst du dich, wenn du das hörst? Wirklich?! Lies erst weiter, wenn du das Gefühl ganz erfaßt hast.

Stell' dir dann vor, jemand sagt statt dessen zu dir: „Als du das und das gemacht hast (Tätigkeit genau beschreiben), habe ich mich sehr gefreut. Ich fühlte mich erleichtert, dankbar und inspiriert. Du hast damit voll mein Bedürfnis erfüllt, mich auch mal auf jemand anders verlassen und dir vertrauen zu können."

Welche Art Dank gibt dir mehr „inneren Treibstoff"?

Das erste war eine Dankbarkeit mit Wertung (daher wölfisch) und das zweite ohne. Hast du dich womöglich manchmal im Leben schon gefragt, warum dich Dankbarkeitsbekundungen von anderen so wenig berühren? Waren es vielleicht diejenigen, die Wertungen enthielten? Auch wenn es in dem Moment positive Wertungen sind, befriedigt uns das in der Regel bei weitem nicht so tief wie die giraffische Dankbarkeit.

Dankbarkeitsübungen

1) Denke an einen Dank, den du im Leben gerne bekommen hättest, der aber ausblieb. Stell' dir nun die Person vor, wie sie dir auf giraffisch nach den 3 Punkten (Beobachtung, Gefühle, erfüllte Bedürfnisse) dankt.

2) Denke an Dinge in den letzten 24 Stunden, die jemand für dich getan hat. Danke nach den 3 Punkten (auch Kleinigkeiten!).

3) Bringe deinem inneren Erzieher bei, DIR dankbar zu sein. Laß ihn etwas feiern, das das Leben für dich verbessert hat.

a) Sei dankbar für etwas, bei dem du dir selbst Gutes getan hast (nach 3 Punkten).

b) Sei dankbar für etwas, womit du die Welt oder das Leben anderer verbessert hast (es gibt in Wahrheit mindestens 100 Dinge pro Tag, auch Kleinigkeiten feiern!!).

4) Denke an jemanden in deinem bisherigen Leben, dem du noch nicht gedankt hast. Danke jetzt in Gedanken (auch Toten). Danach überlege: Was hält dich davon ab, den Giraffendank nachzuholen, falls die Person noch lebt? HIER liegt verborgener Giraffentreibstoff für DICH!! Erstelle eine Liste darüber, wem du noch nicht gedankt hast. Was hält dich davon ab, dir diesen Treibstoff zu geben?

Giraffensprache bzw. die gewaltfreie Kommunikation klingt vielleicht wie eine vorwiegend äußerliche Technik, aber sie erfordert und bewirkt gleichzeitig so viele Veränderungen im Inneren, daß das Erlernen dieser Sprache als ein Nebeneffekt auch therapeutische Wirkungen hat. Denn wer seinem inneren Erzieher keine Giraffensprache beibringt und das Mitgefühl und Verständnis für sich selbst nicht lernt, der wird es auch nicht wirklich bei anderen einsetzen können.

Je mehr man sich daher in Giraffensprache übt, desto mehr Achtung vor sich selbst und vor anderen erhält man. Desto sensibler wird man auch für seine wahren Wünsche und damit – trara trara – auch für die Stimme der Intuition und die Einflüsterungen des Universums, die diese wunderbaren Zufälle hervorrufen. Und desto glücklicher wird man ganz automatisch, während man eigentlich nur eine gewaltfreie Kommunikation trainiert.

Ein letztes Beispiel dazu aus Marshalls reichem Erfahrungsschatz:

Marshall fragte bei einem Besuch in einem Gefängnis einen Strafgefangenen nach seinem vorrangigen Bedürfnis, und dieser antwortete: „Mein großes Bedürfnis ist es, XY zu ermorden. Alles, wovon ich jede Nacht träume, ist, wie ich XY ermorde, wenn ich hier rauskomme."

Marshall: „Ich wette, ich kann dir etwas zeigen, das dir mehr Spaß machen würde! Hast du Zeit, damit ich dir meine Idee vorstelle?"

Strafgefangener (selbstironisch): „Zeit habe ich genug."

Marshall spielte mit dem Strafgefangenen dann ein Rollenspiel. Er ließ ihn die Person XY spielen, und er selbst spielte den Gefangenen als Giraffe und mit Giraffenohren. Er sagte zu dem Gefangenen, der XY spielte: „Hör zu. Ich sage dir jetzt, was in mir vorgegangen ist, und du mußt es wiederholen. Sonst darfst du nichts sagen. Keine Erklärungen!

Weißt du, was es bedeutet, für nichts als Rachegedanken zu leben? Das ist überhaupt kein Leben. Wiederhole das!"

Der Gefangene spielte zunächst Wolf und gab Erklärungen und Ausflüchte ab. Aber Marshall ließ ihm keine Ruhe, bis er das Gehörte wiederholt hatte, und fügte dann den nächsten Satz an: „Ich habe ein Bedürfnis nach Anerkennung meiner Schmerzen, ich fühle mich so und so ... etc." (Marshall hatte sich den Vorfall erzählen lassen).

Nachdem der Gefangene als XY vier solcher Sätze von Marshall wiederholt hatte, sagte er: „Stop, stop. Du hast recht. Das ist viel mehr das, was ich wirklich brauche."

Marshall erklärte dem Gefangenen, er habe das typische Kinoheldenbild vor Augen. Der Held schlägt und prügelt sich und rächt die Unterdrückten. Wir glauben diesem Bild und wollen es genauso machen, aber im wirklichen Leben befriedigt uns das keineswegs. Da ist jeder Rachegedanke nur ein unerfülltes Bedürfnis nach Mitgefühl!

Als Marshall drei Monate später wieder in diesem Gefängnis war, kam der Gefangene sofort auf ihn zugerannt und berichtete aufgeregt, er werde in drei Monaten entlassen. Er bat Marshall die Übung von neulich noch mal ganz exakt mit ihm durchzugehen, denn sonst würde bald ein Unglück geschehen! Ihm wäre aber die Giraffen-Variante inzwischen lieber!

„Jeder Rachegedanke ist ein unerfülltes Bedürfnis nach Mitgefühl", sagt Marshall dazu. Und er nimmt uns Kraft und Energie und verschlechtert damit das, was uns im Leben begegnet. Die wahren Bedürfnisse dahinter zu erkennen führt nicht nur zu mehr Wohlbefinden im Augenblick, es erhöht und stärkt auch unser inneres Licht, und um so leichter können wir uns mit der Magie des Lebens verbinden, und um so mehr Zufälle helfen uns dabei, die Lieferung unserer Bestellungen in Empfang zu nehmen.

13 Fragen und Antworten, Tops und Flops

Es gibt einige wenige typische Fragen von reklamierenden Lesern, die sich immer wiederholen. Und es gibt Bestellbeispiele von Lesern, die so deutlich zeigen, was der- oder diejenige richtig oder falsch gemacht hat, daß diese Beispiele für sich selbst sprechen. Ich hoffe, sie tragen ebenfalls zu einem tieferen Verständnis der Dinge bei. Beginnen wir mit den typischen Fragen:

Frage: *Ich glaube, ich mache was falsch beim Bestellen. Kannst du mir die Details der Bestelltechnik noch mal erklären?*

Antwort: Anfänger sind nachts auf dem Balkon mit Blick in den klaren Sternenhimmel gut aufgehoben, weil sie dann einen freien Blick ins Universum haben, der ihnen das Gefühl gibt, daß ihre Bestellung genauso frei und ungehindert beim Universum eingeht.

Manche Menschen machen sich eine Bestelliste und notieren alle Punkte, damit sie erstens nicht mehr daran zu denken brauchen und sie zweitens hinterher nachsehen können, ob auch alles ordentlich geliefert wurde.

Andere zünden sich eine Kerze an und legen ihre Lieblingsmusik auf, während sie in möglichst vertrauensvoll entspannter Stimmung ihre Bestellung laut aussprechen.

Alte Hasen senden ihre Bestellungen in Gedanken irgendwo zwischen Tür und Angel, unter der Dusche, im Auto oder egal wo ab. Die Frage ist nicht, wie du es machst, sondern allenfalls, wie du dich dabei fühlst.

Und selbst das ist weniger wichtig als man meint, denn:

Das Universum wertet nicht, hört jede Bestellung und ist immer mit der Lieferung einverstanden. Der wichtigste Punkt ist NICHT die Frage: „Was für eine Technik wende ich beim Bestellen an?" Es ist nicht das Universum, das zu duselig oder zu ungeschickt ist, unsere Bestellungen zu verstehen. Es sind wir, die zu duselig oder zu ungeschickt sind, die Lieferungen in Empfang zu nehmen.

Bei einer universellen Lieferung klingelt es nur in absoluten Ausnahmefällen an der Tür und das Gelieferte steht da. Meistens beschafft uns das Universum das Bestellte auch nicht auf einem Weg, auf den wir durch Nachdenken je gekommen wären. Sondern es wählt auf höchst kreative Weise die ungewöhnlichsten Wege und Umstände, um uns das zu erschaffen, was wir möchten.

Infolgedessen müssen logischerweise *wir* offen werden, diese Lieferungen auf ungewöhnlichen Wegen auch anzunehmen. Wenn wir etwas bestellen und sind nicht bereit, mal neue Wege einzuschlagen, dann rennen wir eben ständig an unserem Paket vorbei, das oft nur ganz knapp neben dem Weg unseres gewohnten Trotts liegt und verrottet, während wir es nicht abholen. Quasi ein weiterer tragischer Fall von Annahmeversäumnis der Lieferung. Dies gilt es zu verhindern. Kümmere dich also lieber darum, daß du die Lieferungen nicht verpaßt, als darum, wie du die Bestellungen aufgibst. Beim Aufgeben der Bestellung reicht es völlig aus, wenn du dich dabei wohlfühlst, egal wie du es machst.

Frage: *Warum darf ich nicht unbedingt und ganz doll etwas wollen? Je mehr und dringender ich etwas will, desto mehr fokussiere ich doch meine Kräfte. Das muß die Lieferung doch beschleunigen?! Was soll der Mist mit dem Loslassen?*

Antwort: Das ist ein Punkt, der vielen zu schaffen macht. Eine Leserin schrieb, das komme ihr vor, als solle ein Hungernder den Hunger loslassen und vergessen. Wenn man etwas zum Überleben bräuchte, dann könne man es eben nicht loslassen und vergessen.

Das Loslassen und Vergessen hat zwei Aspekte: Wenn du hundertprozentig davon überzeugt bist, daß DU Schöpfer deiner Realität bist, und du dir zutraust, dein Leben selbst genau so lenken und wenden zu können, wie du möchtest und es dir gut tut, DANN kannst du dir das Loslassen sparen.

Folgenden Gedanken brauchst du nicht loszulassen: „Ich weiß, daß ich der Schöpfer/die Schöpferin meiner Realität bin, ich weiß, daß ich schnellstmöglich dieses oder jenes erreichen werde, und ich freue mich schon darauf, denn es ist quasi schon hier."

Wenn diese Überzeugung wirklich in dir ist und es nicht nur ein mentales Konzept ist, mit dem du dir selbst etwas vormachst (ähnlich wie Ikarus, der sich vormachte, er könne fliegen, und konnte es doch nicht), dann gibt es nichts loszulassen. Dann stellst du aber auch die Frage nach dem Loslassen gar nicht mehr, denn du befindest dich sowieso in einem Zustand des Vertrauens.

Übrigens: Zweifel, Rückfälle und Ungeduld sind ERLAUBT, solange sie deutlich in der Minderzahl sind.

Loslassen wird wichtig, wenn deine Gedanken etwa folgendermaßen um deine Bestellung kreisen: „Ich MUSS dieses oder jenes haben. Es ist für mich überlebenswichtig, ich kann nicht leben ohne..." Damit erschaffst du dir eine Realität, in der du täglicher immer schwächer und kränker wirst, denn du sagst dem Leben, daß du eigentlich schon so gut wie tot bist... Du hast quasi Glück, wenn das Universum deine ungeordneten, kraftlosen Gedanken an dich selbst nicht ganz so wörtlich nimmt, sondern nur schleichend die Mangelgefühle wachsen läßt, je mehr du sie mit „Aufmerksamkeit fütterst".

Loslassen in so einer Situation bedeutet: Aus deinen täglichen Mangelgedanken heraus formulierst du EINMAL eine „Bestellung", die klar, kraftvoll und lichtvoll ist und die das enthält, was du möchtest, und nicht ständig nur das, was du nicht möchtest (im Kopf das zu wiederholen, was du NICHT möchtest, ist dasselbe, als würdest du genau das beim Universum bestellen, dann du gibst diesem Bild ganz viel Aufmerksamkeit und damit Kraft und Energie).

Wegen des speziellen und sicherlich extremen Beispiels mit dem Hunger habe ich, als ich im November 2000 zum Drehen eines Videos unter anderem in Bangladesh war, Menschen danach befragt, die ihrer persönlichen Hungersnot und Armut entkommen sind und mittlerweile zumindest im Mittelstand mit eigenem Wellblechhaus leben.

Die Antwort auf die Frage, wie man dem Hunger entfliehen könne, lautete, man müsse aufhören, müßig herumzusitzen und nur zu jammern, man solle lieber aufstehen und nach den Gelegenheiten Ausschau halten. Es wären immer welche da – sagte eine Frau aus den ehemaligen Slums, die sich früher mit Bambusblättern und Zeitungspapier zudeckte, weil sie sonst nichts hatte.

Ich habe schriftlich auch noch einer Bekannten aus Afrika die Frage gestellt, ob sie denke, man solle einem Hungernden raten, seinen Wunsch nach Essen loszulassen. Sie meinte, sie würde es vielleicht nicht so formulieren, aber sie hätte auch schon erlebt, daß sie um so weniger eine Lösung fand, je mehr sie Panikgefühle schürte. Wenn sie sich dagegen selbst abgelenkt und ihre Aufmerksamkeit vom Hunger abgezogen hätte, dann hätte sie beim nächsten Spaziergang eine eßbare Wurzel oder einen Busch mit kleinen Früchten gefunden, den sie bisher noch nicht kannte. Und mit wachsendem Vertrauen in sich selbst hat sie schließlich auch einen Weg ganz aus dieser Situation herausgefunden.

Es gibt kleinere Bereiche des Lebens, in denen jedem von uns klar ist, daß loslassen wichtig ist, und wir wissen auch, wie es funktioniert, denn fast jeder hat es schon erlebt. Kannst du dich beispielsweise an eine Situation erinnern, in der du einen bestimmten Namen vergessen hattest (oder ein Fremdwort oder ähnliches)? Du brauchtest den Namen unbedingt, um die Person aus dem Telefonbuch heraussuchen zu können, um sie mit dem richtigen Namen ansprechen oder anschreiben zu können oder was auch immer. Und du hattest das Gefühl, der Name liegt dir auf der Zunge und du hast ihn fast, aber im letzten Moment entgleitet er dir doch immer wieder.

Je mehr man in so einem Moment die Erinnerung an den Namen oder das richtige Wort erzwingen oder sie aus dem eigenen Gedächtnis herausquetschen will, desto weniger erinnert man sich.

Es hilft nur eins: Sich damit abzufinden, daß der Name einem gerade nicht einfällt, das zwanghafte Erinnernwollen loszulassen und sich anderen Dingen zuzuwenden. Sobald man die Situation ganz losgelassen hat und wieder entspannt und wahrscheinlich gerade mit ganz etwas anderem beschäftigt ist, macht es plötzlich „Plop", der Name schießt aus dem Langzeitgedächtnis hoch, und wir erinnern uns wieder.

Unser Loslassen und Entspannen hat die Bahn freigemacht, damit wir innerlich wieder in einen Fluß kommen, in dem uns von ganz alleine alle Informationen zufließen. Das zwanghafte Wollen ist wie eine Sperre, die den Fluß unterbricht und alles lahm legt.

So ist es beim Bestellen auch. Wann immer du meinst, etwas nicht loslassen zu können, denke an die vergessenen Namen oder Begriffe. Dann fällt dir sofort wieder ein, wie du mit dem Dranfesthalten und es Herbeizwingenwollen nur das Gegenteil erreichst. Und dir fällt vor allen Dingen auch ein, daß du Loslassen eigentlich schon kannst, denn bei den vergessenen Namen kannst du es ja auch, oder?

Frage: *Was mache ich, wenn ich etwas bestellt habe, und dann überlege ich es mir doch wieder anders? Oder mir fällt auf, daß ich wieder haufenweise unbewußte Bestellungen abgesendet habe, die ich doch eigentlich auf keinen Fall haben will. Kann ich die noch irgendwie rückgängig machen?*

Antwort: Eine Leserin, Stefanie Haller, hat einen hervorragenden Vorschlag dazu. Stefanie schrieb:

„Also das mit dem universellen Bestellservice wie beim Versandhaus ist mir alles ganz klar: Klare Gedanken ergeben klare Bestellungen und klare Lieferungen, alles ganz einfach. Aber dann gibt es Zeiten, in denen mir zu viele Dinge gleichzeitig durchs Hirn flitzen. Ich bekomme sogar selbst mit, daß ich fünf Dinge parallel bestelle, die sich auch noch widersprechen.

Oder eine Befürchtung sitzt im Kopf, die ich nicht mehr loswerde. So saß ich beispielsweise einmal auf der Wartebank in einem Amt, hatte gleich danach Termine und dachte: Mist, ich habe vergessen zu bestellen, daß es schnell geht.

Jetzt saß ich da und spürte, daß es dauerte und dauerte. Die Bestellung, daß es schnell gehen sollte, klappte in dem Fall nicht, weil die Leitung mit der Befürchtung „es dauert" belegt war.

Na, und in so einem Fall storniere ich jetzt einfach immer die Fehlbestellung!

Auf der Wartebank im Amt habe ich storniert, daß es dauert, und schwups ging es ganz schnell.

Ein anderes Beispiel: Ich bekam einen Job für eine Moderation, den ich mir bestellt hatte. Alles war super, die Bezahlung stimmte und auch alles andere.

Aber dann fiel mir auf, daß der Termin mit einem Seminar parallel lief, das ich mit meinem Freund hatte besuchen wollen. Erst dachte ich: O.K., dann geht er eben allein hin. Dieser Gedanke befriedigte mich aber nicht so richtig, denn ich merkte schnell, daß es mir doch wichtig war, gemeinsam mit ihm dorthin zu gehen.

Also habe ich dem Universum folgendes mitgeteilt: „Vielen Dank, daß ihr meine Bestellung so prompt vorbeigeschickt habt. Ich weiß, daß ich dort nicht anrufen kann, um den Job abzusagen, denn das würde einen schlechten Eindruck machen. Aber ich habe es mir nun doch anders überlegt. Bitte, liebes Universum, ich möchte den Job stornieren."

Hast du nicht gesehen, erhielt ich einen Anruf, in dem ich vielmals um Entschuldigung gebeten wurde, aber die Moderation würde nun doch nicht stattfinden können. Zur Entschädigung haben sie mir auch noch eine sehr teure Jacke geschenkt.

Bestellungen find ich super, und zu stornieren ist eine klasse Ergänzung. Stefanie"

Frage: *Woran erkenne ich, ob ich bewußt und unbewußt dasselbe bestelle oder ich mir selbst womöglich im Wege stehe und unbewußt Bestellungen absende wie: „Ich bin es nicht wert", „So einfach kann es doch nicht sein, ich habe mir bisher schließlich alles selbst erkämpfen müssen" und ähnliches?*

Antwort: Am Zufriedenheitsfaktor! Wenn ich zufrieden mit mir selbst bin, sind alle Ebenen meines Seins in Harmonie. Je unzufriedener und unglücklicher ich mit mir selbst bin, desto sicherer kann ich sein, daß die verschiedenen Ebenen in mir (Unbewußtes, Bewußtsein und höheres Bewußtsein) miteinander in kleinem oder großem Kampf liegen.

Lösung: Schließe Freundschaft und Frieden mit dir selbst. Bedanke dich öfter bei dir selbst (nach der Rosenberg-Methode), und achte auf die Bedürfnisse von Körper, Geist und Seele. Wenn du dich täglich fünf Minuten lang entspannst und in Gedanken den Satz „Ich liebe mich selbst bedingungslos" wiederholst und ihn wirklich spürst (das kann Übung erfordern), lösen sich unbewußte Gegenbestellungen wie oben erwähnt auf.

Wer ganz sicher gehen möchte, kann mit der Rückwärtssprache (siehe *Der kosmische Bestellservice*) testen, ob sein Unbewußtes gegen oder für ihn arbeitet. Indem man über ein Thema spricht und laut äußert, was man denkt, kann der Therapeut mittels Tonträgern und der Rückwärtssprache herausfinden, ob da ein anderer Teil von einem „heimlich" etwas ganz anderes meint. Optimalerweise kommen rückwärts dieselben Botschaften wie vorwärts. So ein Mensch ist in Harmonie mit sich selbst. Andernfalls erfährt man, welche versteckten Glaubenssätze man noch in sich hat.

Eine Münchener Rückwärtssprachen-Therapeutin erzählte mir neulich, sie habe hin und wieder Menschen mit ganz ähnlichen beruflichen Qualifikationen, aber sehr unterschiedlichem Erfolg im Beruf als Kunden. Die

Erfolgreichen äußern rückwärts meist sehr menschenfreundliche Dinge und freuen sich offenbar neidlos für jeden anderen, dem es gut geht. Die Erfolglosen bringen rückwärts erstaunlich oft Kommentare wie: „Das gönne ich den anderen nicht. Niemandem soll es besser gehen als mir" und ähnliches. Wie das Leben halt so ist, enthält es diesen Menschen das vor, was sie den anderen nicht gönnen. Schwierig ist es, wenn man sich solcher Gefühle gar nicht bewußt ist, doch auch da hilft die fünf-Minuten-Übung „Ich liebe mich selbst bedingungslos". Denn hinter dem Neid steckt oft, daß man meint, mithalten zu müssen, um sich selbst akzeptabel und liebenswert finden zu können. Ist man diesen Gedanken erst mal los und in der Lage, sich seine Fehler zu verzeihen, kommt der Mensch in Fluß, und die Wünsche können endlich wahr werden.

Frage: *Ist denn das nicht schwarze Magie, was du da machst?*

Antwort: Die Franzosen haben ein tolles Sprichwort dafür: „Honi soit qui mal y pense." (Ein Narr ist, wer Schlechtes denkt). Auch hier ist tendenziell das wahr, was du für wahr hältst, und es schaltet sich die Energie ein, die du einlädst.

Grundsätzlich verwirklichen sich Bestellungen, die dein Leben oder das eines anderen verbessern, deshalb oft so schnell, weil sie viel Licht und damit viel vom Baustein der Schöpfung im Sinne Aivanhovs (siehe Kapitel 2) enthalten.

Wenn du etwas Negatives bestellst, enthält es kein Licht und es fehlt das Baumaterial zur Verwirklichung. Negative Dinge wirst du daher ohne die lichten Hilfskräfte des Universums erledigen müssen.

Wer sich dennoch nicht sicher ist, wen er in der Leitung hat und mit welcher Energie er gerade kommuniziert, kann alle eventuell auftauchenden Probleme damit umgehen, daß er an jede Bestellung den Zusatz hängt: „...so, daß es zum Wohle aller Beteiligten ist."

„...wenn es zum Wohle aller Beteiligten ist..." würde ich persönlich nicht sagen, denn das unterstellt, daß das Universum gelegentlich nicht fähig sein könnte, deine Bestellungen so umzusetzen, daß sie zum Wohle aller sind. Da ganz viele Leute unbewußt denken, die Erfüllung ihrer Wünsche stehe ihnen nicht wirklich zu, denken sie bei der Variante mit „wenn" in Wahrheit: „Wahrscheinlich ist es meistens völlig unmöglich, meine Bestellungen so zu erledigen, daß etwas Gutes dabei herauskommt, und deshalb muß ich weiterleiden."

Wenn du den Satz mit „so, daß" veredelst, gehst du davon aus, daß dein Wohl auch dem Wohl aller dienlich ist und daß es deshalb immer eine elegante Lösung gibt, die allen nutzt.

Ein Beispiel: Eine Bekannte von mir arbeitet als Freiberuflerin tageweise in einem Softwarehaus. Immer wenn die Sonne scheint und sie ausgerechnet an so einem Tag vor Ort sein muß, ärgert sie sich und bestellt: „Hallo Universum, bitte mach, daß ich sofort an den See kann." Nachdem daraufhin zweimal der Hauptserver des Hauses abstürzte und alle Freiberufler heimgeschickt wurden, fiel ihr auf, daß sie mit ihren Bestellungen womöglich den Kollegen zusätzliche Arbeit verursachte. Sie änderte daher beim nächsten Mal die Bestellung ab in: „Liebes Universum, bitte mach, daß ich sofort an den See kann, aber so, daß zumindest niemand einen Nachteil dadurch hat." Das funktionierte genauso auch ohne Serverabsturz. Nun schichtete die Arbeit im Haus sich so um oder etwas ging besonders schnell und einfach, so daß sie für den Tag nicht mehr gebraucht wurde. Oder ein Freiberufler mußte Stunden schinden, weil er dringend Geld brauchte, und fragte schüchtern bei ihr an, ob eventuell er den größeren Auftrag übernehmen könnte, und sie nahm freudig den kleineren an und war ruckizucki wieder am See.

Frage: *Ich habe trotzdem Zweifel, ob es mir zusteht, so viel und immer wieder vom Universum zu fordern.*

Antwort: Nur ein Gedankenanstoß – entscheide selbst: Angenommen, du hast einen Kollegen, der weit weniger leistet als alle anderen, und du denkst dasselbe über ihn wie alle anderen, nämlich daß er ein fauler Hund ist und sich sowieso nie bessern wird. Denkst du dann, daß das ein objektives Urteil ist und daß du vollkommen unschuldig an seinem Zustand bist?

Was wäre, wenn du mitschuldig daran bist, daß es ihm nicht gelingt, sich zu ändern? Was wäre, wenn deine unbewußte Bestellung bei diesem Gedanken lautet: „Liebes Universum, mein Kollege soll faul bleiben und nie den Weg zu seinem vollkommenen Potential finden. Ich bestelle hiermit, daß er in seinem Loch hängen bleibt."

Vielleicht würde dein Kollege anfangen, sich schrittweise zu ändern, wenn du ihn ansehen würdest mit dem Gedanken: „Die Seele eines jeden Menschen ist heil und schön, und ich weiß, auch deine ist es. Ich bin überzeugt, auch du kannst deinen Weg zu einem vollkommen glücklichen Leben finden. Ich wünsche es dir."

Dann kannst du zumindest sicher sein, daß

du wirklich nicht beteiligt bist, wenn er nicht vorankommt.

Was wäre – nur ein Gedankenanstoß –, wenn wir sowieso alle ständig mit allem verbunden sind und unsere Gedanken sich immer gegenseitig beeinflussen und immer am kollektiven Erschaffen der Wirklichkeit mitbeteiligt wären? Wäre es in dem Fall nicht besser, täglich weniger unbewußte und dafür mehr bewußte Bestellungen abzusenden?!

Frage: *Was ist, wenn ich ein totales Mega-Tief habe? Habe ich dann auch eine Chance mit diesen Bestellungen, oder bestelle ich nicht dauernd mit meinen ganzen Frustgedanken noch mehr Frust?*

Antwort: Das Leben ist an glücklichen Menschen interessiert, da sie die Natur und ihre Mitmenschen achten. Die ganze Natur ist daher nur allzu glücklich, wenn sich jemand aufmacht, sich aus seinem Sumpf herauszubewegen, und wenn er dabei auch noch bereit ist, universelle Hilfen anzunehmen. Denn dann geht es ja viel schneller.

Auch wenn die Welt letztlich das ist, was wir von ihr halten, läßt das Universum es sich nicht nehmen, immer wieder „Werbegeschenke" (= Lieferungen zu Bestellungen, verbunden mit schönen Zufällen) zu senden, damit wir erkennen, daß wir keine armen Opfer sind, sondern die Kraft haben, an der Neugestaltung unseres Lebens aktiv mitzuarbeiten.

Wenn ich allerdings schon zehnmal die Annahme der Lieferung meiner Jobbestellung verweigert habe (mache hierzu am besten den Selbsttest gegen Ende des Buches), dann werden für eine Weile die Werbegeschenke auf diesem Sektor ausbleiben. Dann muß ich mich selbst bemühen, in den meist engen Grenzen statistischer Wahrscheinlichkeiten.

In so einem Fall ist es ratsam, sein Vertrauen zum universellen Lieferservice in anderen Bereichen zu stärken und eine Weile mehr Dinge aus beispielsweise folgenden Bereichen zu bestellen: Hilfen im Alltag, Lösungs- und Ideenfindung, neue tolle Freundschaften, nette Nachbarschaftskontakte, täglich eine positive Überraschung etc. pp.

Frage: *Was ist eigentlich mit der Dankbarkeit? Wenn ich schon nichts bezahle, sollte ich mich ja wohl wenigstens ordentlich bedanken!*

Antwort: Bedanken ist immer gut. Wobei mein Eindruck der ist, daß es die beste Art von Dankbarkeit ist, wenn man glücklich über die Lieferung ist. Wer sich zwar überschwenglich mit sieben Durchschlägen formvollendet

bedankt, aber trotz aller Auslieferungen mür-
risch und unglücklich bleibt, hat sich zwar
scheinbar „korrekt" verhalten, aber das Universum ist nicht zu betrügen. Es weiß sofort,
daß das wirkliche Gefühl von Dankbarkeit
dem Leben gegenüber fehlt. Denn das wäre
automatisch mit Freude verbunden.

Falls du Probleme mit dem Gefühl von Dankbarkeit hast, kannst du das Danken mit der
Marshall-Rosenberg-Variante (siehe Kapitel
„Die Giraffensprache') üben. Das ist sehr effektiv.

Auf diese Weise dankbar zu sein hilft uns
auch dabei, im Frieden mit unserer gegenwärtigen Situation zu sein, wie auch immer
sie gerade aussieht. Kaum aber sind wir im
Frieden, erwachsen uns daraus innere und
äußere Kräfte, mit denen wir alles erreichen
können, was wir wirklich wollen.

Frage: *Wirken nicht auch alte Muster und
Familienverstrickungen sowie astrologische
Zyklen auf unser Leben? Es gibt „Flut"-Zeiten
und „Ebbe"-Zeiten im Horoskop. Daß man in
Flutzeigen die unterschiedlichsten Wünsche
erfüllt bekommt, kann ich mir vorstellen, aber
in Ebbezeiten eben nicht. Und muß man nicht
genauso alte Muster aus der Kindheit usw.
erst auflösen, damit man nicht unbewußt etwas anderes bestellt als bewußt?*

Antwort: Ja und nein. Das Unbewußte wirkt, meinem persönlichen Eindruck nach, um so weniger, je klarer wir in unserem Gegenwartsbewußtsein präsent sind.

Das heißt: Auf ein waches Bewußtsein haben Muster aus der Vergangenheit und auch die Sterne weniger Einfluß als auf ein im Halbschlaf befindliches. Mein alter Bestellkumpel Carsten sagt immer: „Klar gibt es Zyklen im Leben. Aber früher hatte ich gute und schlechte Tage, heute habe ich gute und noch bessere Tage." Die Frage ist, zwischen was man schwanken will! Wenn man in „Ebbe"-Zeiten vermehrt die eigene Energie aufbaut (z.B. durch Meditation oder indem man sich vermehrt selbst Gutes tut und auch die Qualität des zwischenmenschlichen Austausches erhöht – das gibt sehr viel Energie etc.) und damit eine Art ENERGETISCHER FLUT IN SICH SELBST AUFBAUT, dann kann das Universum auch bei Ebbe liefern.

Und wer bewußt und präsent in der Gegenwart ist und sich dort wohlfühlt, bei dem lösen sich die alten Muster dabei von alleine auf (siehe das Kapitel: „Gehe eine stärkere Verpflichtung dir selbst gegenüber ein" in *Bestellungen beim Universum*).

Frage: *Ich heiße Sarah und bin die Geliebte von Bodo. Seine Frau heißt Klara. Wir befin-*

den uns in einer sehr verzwickten Situation. Wir haben alle drei das Buch „Bestellungen beim Universum" gelesen, und nun hat jeder etwas anderes bestellt.

Ich habe bestellt, daß Bodo endlich seine Familie verläßt und zu mir kommt. Klara hat bestellt, daß er mit mir Schluß macht und bei der Familie bleibt. Und Bodo hat mir doch tatsächlich gestern eröffnet, daß er den Druck, den wir beide ihm machen, nicht mehr ertragen kann und daß er jetzt auch mal eine Bestellung beim Universum aufgegeben hat. Nämlich die, daß er uns beide möglichst unkompliziert los wird! Er will sich sowohl von Klara als auch von mir trennen. Das ist doch unfaßlich. Was soll ich jetzt machen, und wessen Bestellung wird nun ausgeliefert werden?

Antwort: Liebe Sarah, vielen Dank für diese wundervolle Frage, denn sie zeigt so überdeutlich, warum es einfach nicht möglich ist, sich bestimmte Verhaltensweisen anderer Menschen zu bestellen. Das wäre ja so, als würde man sich deren freien Willen wegbestellen. DAS GEHT NICHT!

Du könntest bestellen, daß du Klarheit erhältst, ob Bodo sich jemals trennen wird, und falls sich herausstellt, daß nein, kannst du dir den zu dir passenden Idealpartner bestellen, der auch mit dir zusammensein will. Aber du kannst nicht bestellen, daß ein bestimmter Mensch einzusehen hat, daß er dein Traummann ist, weil du das so willst. Stell' dir vor, irgendein Nachbar, den du kaum kennst, würde sich dich als Ehefrau bestellen. Wie würde dir das gefallen, wenn das Universum so etwas ausliefern würde?

Klara könnte sich beispielsweise bestellen, daß ihre Ehe zu ihrem höchstmöglichen Potential findet, und wenn das trotzdem Trennung bedeutet, weil sie sich auseinandergelebt haben, dann kann sie sich eine möglichst "sanfte Trennung" bestellen. Und Bodo könnte sich mehr Klarheit, eventuell auch einen stärkeren Charakter bestellen. Oder er kann sich bestellen, daß er sich möglichst nicht den Magen verdirbt, wenn er die Suppe auslöffelt, die er sich eingebrockt hat (d.h. Auflösung der Situation in größtmöglichem Frieden). Aber sich zu bestellen, daß nun ihr beide seine Suppe alleine auslöffelt, das kann er genauso wenig.

Frage: *Was soll eigentlich der Quatsch mit dem Akzeptieren des Ist-Zustands, von dem du immer wieder redest? Wenn ich alles nur so akzeptiere, wie es ist, dann bin ich doch ein passiver Trottel, der alles nur so hinnimmt, wie es ist, und nie was ändert?*

Antwort: Du hast recht. Manche Menschen haben das Akzeptieren dessen, was ist, so ausgelegt, daß sie passiv alles hinnehmen, aber das Gegenteil ist auch möglich. Man kann durch das Akzeptieren des eigenen Standortes im Leben am leichtesten den optimalen Weg dorthin finden, wo man wirklich hin möchte. Am besten versteht man es vielleicht an einem Beispiel: Wenn ich zum Hamburger Hafen will, bin aber in Frankfurt, dann muß ich zuerst z.B. den Zug, ein Auto oder ein Flugzeug nehmen. Der Stadtbus oder die U-Bahn reichen nicht aus, um von Frankfurt zum Hamburger Hafen zu kommen. Wenn ich jedoch nicht wahrhaben will, wo ich bin, dann bin ich unter Umständen blind für diese Tatsache. Ich bestelle beim Universum: „Zeig mit den Weg zum Hamburger Hafen", und das Universum antwortet mit allen möglichen Zeichen und Eingebungen, die besagen, daß ich zu einem bestimmten Zeitpunkt zum Bahnhof gehen soll, weil da beispielsweise gerade jemand eine gültige Zugfahrkarte nach Hamburg verloren hat (falls es mir an Geld für die Fahrtkosten nach Hamburg mangelt).

Wenn ich aber verdränge, was ist und wo im Leben ich gerade stehe, dann verstehe ich diese Zeichen nie, denn ich denke ja: „Nein, ich will nicht zum Bahnhof, ich will zum Hamburger Hafen." Aber wenn ich in Frankfurt bin, muß ich eben zuerst irgendwie nach Hamburg kommen. Wenn ich verdränge, was ist, dann kann es sehr mühevoll werden, den Weg dorthin zu finden, wo ich hin will, und deswegen spreche ich vom Akzeptieren dessen, was ist, weil man sonst einen sinnlosen Kampf führt. Das Gras wächst nämlich nicht schneller, wenn man daran zieht. Wenn ich jedoch akzeptiere, wie langsam Gras von alleine wächst, und ich will dennoch, daß es schneller wächst, dann ziehe ich nicht wütend daran, sondern höre mich intuitiv nach realen Möglichkeiten um. Es gibt in der alternativen Landwirtschaft Mittel und Wege, auf völlig biologische Weise Pflanzen dazu zu bringen, ihr Wachstum zu verstärken (siehe z.B. das Buch *Die Geheimnisse der guten Erde* von Christopher Bird und Peter Tompkins). Das Universum und meine Intuition können mir Tips geben, wie ich an solche Infos komme, sobald ich vom realen Standpunkt aus offen für neue Möglichkeiten bin.

Zum Schluß noch die Spezialanfrage eines ganz besonderen Lesers:

Bello aus Lüneburg möchte wissen: „Wau, das hört sich ja klasse an mit dem Bestellen. Können eigentlich auch Hunde bestellen? Für eine Antwort wäre ich sehr dankbar, wuff."

Rechtzeitig zu dieser Anfrage traf ein Leserbrief von der Hündin Zeetah (sie hat ihn ihrem Herrchen diktiert) ein:

„Gestern war ich mit meinem Herrchen unterwegs. Damit es nicht so langweilig wird, habe ich mir gleich einen Ball bestellt, den ich mir unter einer Hecke auf dem Weg abholen konnte. Es war ein sehr schöner Ball: orangerot, mit nicht zuviel Luft, damit man richtig griffig darauf herumbeißen kann. Herrchen wollte natürlich wieder nur das alberne ‚Bring'-Spiel mit mir machen, und ein paar Mal bin ich ihm auch entgegengekommen, man ist ja nicht so.

Als wir dann zu den schönen Wiesen kamen, habe ich natürlich gleich begonnen, den Ball zu verbuddeln. Ich tue es gar nicht richtig, grabe nur ein wenig den Boden auf, zerbeiße die Grassoden und teste, ob der Ball hineinpassen würde. Dann nehme ich ihn aber meistens wieder mit. Also verstehe ich auch gar nicht, was Herrchen immer hat, wenn er dann ‚pfui' schreit und sich gebärdet wie Rumpelstilzchen. Rasen ist doch zum Aufbuddeln da, oder? Frag mal die Maulwürfe. Ich grabe ja auch extra keine Löcher auf dem Weg, wo jemand hineintreten und sich den Fuß verstauchen könnte. Zweibeiner haben ja immer nur einen Fuß in Reserve. Das sehe ich schon ein.

Normalerweise bin ich ein sehr kooperatives Tier, aber ab und zu ist auch Weghören und Weitermachen angesagt. Besonders, wenn es ums Bälleverbuddeln geht. Hast du es mal versucht? Das ist einfach das größte. Herrchen würde sich schon wieder beruhigen, dachte ich.

Hat er aber nicht. Er hat den Ball in einen Strauch gelegt, so etwa in seine Augenhöhe, und ist einfach weitergegangen. Ich habe das als sportliche Herausforderung gesehen und mir den Ball wiedergeholt, bin an Herrchen vorbeigezogen, ohne ihn eines Blickes zu würdigen, und habe mir den nächsten Buddelplatz ganz genau ausgesucht. Mitten auf der Wiese, ganz weit weg vom Weg. Und dann fing er doch tatsächlich gleich wieder mit seiner ‚Pfui'-Nummer an! Gut, daß niemand vorbeikam und ihn so sah. Wäre mir echt peinlich gewesen.

Er hat dann den Ball noch zweimal in einen Strauch gelegt und zweimal ins Wasser geworfen – für mich alles keine Hürden. Beim letzten (6. oder so) Mal allerdings hat er sich einen Baum ausgesucht und den Ball so hoch in eine Astgabel gelegt, daß ich ihn mit normalem Springen kaum hätte erreichen können. Um mich nicht zu überanstrengen habe ich mich lieber unter den Baum gesetzt und kräftig gebellt. Ich habe eine schöne tiefe

Stimme, die richtig weit trägt. Normalerweise mag er das morgens nicht so gerne und tut, was ich will, damit Ruhe ist, aber diesmal ist er einfach weitergegangen. Typisch Mensch, immer gleich beleidigt.

Ich habe mir dann beim Universum bestellt, daß mir jemand mit mehr Verständnis den Ball aus dem Baum holt – und richtig, gleich nachdem Herrchen außer Sicht war, kamen zwei ältere Damen auf dem Rad vorbei und gaben mir den Ball wieder. Als sie Herrchen überholten, sagten sie noch, es sei ja wohl nicht in Ordnung, dem Hund den Ball in den Baum zu legen, und Herrchen meinte nur, das sei eine längere Geschichte. Niemand wollte sie hören.

Ich habe uns dann einen zweiten Ball bestellt, damit Herrchen selbst einen hat und mich in Ruhe buddeln läßt, und das mit dem zweiten Ball hat auch gleich geklappt. Sein Tennisball war aber schöner als meiner, und deshalb habe ich den übernommen und den alten Ball Herrchen angeboten. Aber er zierte sich, von wegen keine Luft drin, Matsch und so. Dann mußte er eben ohne Ball nach Hause kommen. Nicht mein Problem. Ich ließ den alten Ball nun einfach für einen Kollegen liegen.

Also, sag' deinen Menschen, wenn sie bestellen lernen wollen, sollen sie sich einfach ihre Haustiere als Vorbild nehmen. Ein Hund bekommt *immer*, was er will. Und von Katzen erzählt man sich hinter vorgehaltener Pfote bei uns dasselbe."

Zeetah, die Hündin
Eckehard Rechlin, Herrchen und Sekretär von Zeetah ☺

Gehen wir zu den Tops und Flops über, die vielleicht noch ein bißchen vom Flair der erfolgreichen Besteller und davon vermitteln, was das Geheimnis ihres Erfolges ist. Vielleicht kannst du zwischen den Zeilen spüren, wie diese Menschen drauf sind, und das Gefühl auch in dir finden.

Ein Flop:

Jörn wollte zu einem Termin in die nächste Stadt fahren. Zuerst fiel die S-Bahn aus. Als er dann zum Bahnhof ging, verpaßte er um zwei Minuten den Zug in die gewünschte Stadt, und der nächste fuhr erst zweieinhalb Stunden später. Er wurde wütend, erinnerte sich dann aber an die Bestellungen beim Universum: „So ein Scheiß hier, was soll ich jetzt machen? Ich bestelle jetzt, daß ich noch pünktlich zu dem Termin komme. Ich bin mal sehr gespannt, ob dir tollem Universum da oben dazu noch was einfällt oder ob das Ganze nicht doch ein rechter Schmarrn ist..."

Er setzte sich vor Wut rauchend in die Bahnhofskneipe und hielt Ausschau nach einem Wunder. Es kam keins.

Das einzige Glück war, daß, als er wieder nach Hause kam, die Person, mit der er verabredet gewesen war, aufs Band gesprochen und um Terminverschiebung gebeten hatte, weil ihr etwas dazwischen gekommen war. Aber das war, zumindest in Jörns Augen, trotzdem keine Entschuldigung für die ausgebliebene Lieferung des Universums.

On the top:

Peter hatte beschlossen, im Herbst 2000 zu einem meiner Seminare im schönen sowie entlegenen Örtchen Kisslegg im Allgäu zu kommen. Freitagabend begann das Seminar, und er fuhr Freitagmittag mit dem Auto los. Leider kam er nicht weit. Noch circa 200 Kilometer vom Seminarort entfernt, blieb er mit Getriebeschaden auf der Autobahn liegen.

„Na ja, ich fahr ja zu einem Seminar über Bestellungen beim Universum", dachte er sich ganz gelassen. „Da bestell' ich halt, daß ich trotzdem noch irgendwie gut dahinkomme!" So saß er zuversichtlich im kaputten Auto und wartete. Nach einigen Minuten überlegte er sich jedoch: „Na gut, vielleicht sollte ich doch wenigstens ETWAS auch selbst dazu beitragen. Ich steig' mal wenigstens aus dem Auto aus." Gedacht, getan. Er stand keine drei Minuten neben seinem Auto auf dem Standstreifen, als auch schon eine freundliche Dame anhielt. Wie sich bald herausstellte, war sie – wie hätte es anders sein können – unterwegs zum Nachbarort von Kisslegg und fuhr unseren Peter genau vor die Tür des Seminarhauses, wie gewünscht.

Da sie ein Handy dabei hatte, konnte er von unterwegs aus den Abtransport seines Autos regeln. Eigentlich verabscheute er Handys ja und ganz besonders diese penetranten Klingelgeräusche, die die Dinger üblicherweise so von sich geben. Peter kennt nur eine Klingelmelodie, die ihm angenehm ist – und auf genau diese war das Handy eingestellt. Er bedankte sich gleich noch einmal in Gedanken beim Universum für dieses „Extra-Zuckerl". „Die Fahrt wurde dann noch so angenehm, daß ich aus dem Bedanken gar nicht mehr herauskam", berichtete er begeistert, als er schließlich bei uns abgesetzt wurde. Eine rundherum gelungene Lieferung.

Wo ist nun der Unterschied zwischen den beiden Fallbeispielen? Warum hat das eine geklappt und das andere nicht? Unwahrscheinlich waren sie beide. Finde eine Lösung, die sich für dich passend anfühlt. Es gibt, wie gesagt, verschiedene Möglichkeiten, und wichtig ist nicht, ob etwas „absolut richtig" ist, sondern daß du fähig bist, in deinem eigenen Alltag ein Gespür für den „kleinen Unterschied in deinem Inneren" zu entwickeln.

Ein Flop:

Auszug aus einem Leserbrief:

„Ich würde ja wirklich gerne an Ihren Bestellservice glauben, aber ich kann es nicht, so übel wie das Leben mir immer wieder mitspielt. Es ist nicht gerecht, denn ich bin wirklich einer der wenigen wirklich noch guten Menschen auf der Welt, aber ich kämpfe und kämpfe, anstatt jemals eine Belohnung zu sehen.

Jeden Tag... (10 Zeilen Beschwerden) ... und mein Kollege sollte endlich mal aufhören... (wieder lange Beschwerden). Wenn es auf dieser Welt noch Gerechtigkeit gäbe, dann würde er (der Kollege)...

Es gibt so viel Schlechtigkeit und Ungerechtigkeit auf dieser Welt, und die Wahrheit ist doch die, daß es immer nur die Schwachen trifft..."

Gruß *F.K.*

On the top:

„Ich war gar nicht auf der Suche nach Wundern und Bestellmöglichkeiten. Nein, ich war auf der Suche nach einem guten Weg, mein Leben zu meistern. Deshalb habe ich in den letzten Monaten alles mögliche gelesen.

Bis mir ein Freund etwas von ‚Parkplatz-Bestellungen' erzählte und mir einen Artikel über dein Buch unter die Nase rieb. ‚Was soll's', dachte ich, ‚jetzt hast du so viel gelesen und nichts gelernt. Schau einfach da auch noch mal rein.' Und das tat ich auch. Ich habe dein kleines Buch zuerst gelesen und mir dabei fünf Tage Zeit genommen... Nun habe ich auch dein zweites, dickeres Buch gelesen, und auch das ist eine Quelle der Erleuchtung.

Das Licht ist mir schon beim ersten Buch aufgegangen, aber das zweite macht alles noch heller. Und Bärbel, es ist nicht die Bestelltechnik, die in deinem Buch wichtig für mich ist, sondern der Weg, wie man zu einem guten Besteller wird. Und diesen Weg nehme ich nun für mein neues Leben: ‚Gehe eine stärkere Verpflichtung dir selbst gegenüber ein' und ‚Erkenne dich selbst'. Und das wichtige für mich ist, wie man das macht. Das beschreibst du gut und locker, und ich kann es gut umsetzen. Vielen Dank dafür."

Grüße – *Mehmet*

Ich weiß, es ist fies, die beiden Beispiele nebeneinander zu stellen, aber es macht die Sache so schön deutlich. Der obere Brief enthält haufenweise unbewußte Bestellungen in Form von Glaubenssätzen wie: „Das wird ja eh nichts, glaube ich nicht, immer auf die Kleinen, ich muß kämpfen..."

Wenn mehr als 50 Prozent meines Grundgefühls am Tag SO aussehen, dann bekomme ich auch genau das. Wenn du im täglichen Leben jemandem begegnest mit den Worten: „Ich glaube nicht, daß es einen Sinn hat, DIR eine Chance zu geben, und wenn, dann beweise es erst mal, bevor du mein Freund sein willst." Dann hat derjenige mit Sicherheit erst gar nicht das Bedürfnis, dein Freund zu sein. Das Universum selbst verhält sich zwar meines Erachtens neutral und urteilt nicht, sondern bietet immer Lieferungen an. Aber wenn du es versäumst, dein eigener Freund zu sein, dann verpaßt du regelmäßig die Lieferungen und bist blind für alle Gelegenheiten. Wie immer: Du mußt netter zu dir selbst sein! Sorge dafür, daß du dich wohlfühlst mit dir selbst, dann fühlst du auch das Universum in dir wieder und kannst die Lieferungen auch sehen.

14 Selbsttest: Bin ich ein Annahmeverweigerer?

Bin ich ein „Annahmeverweigerer", oder klingelt das Universum bei mir an der richtigen Tür? Das kannst du mit Hilfe dieses Tests herausfinden.

1) Frage dich einmal selbst: Wo stehe ich jetzt gerade in meinem Leben? Bin ich in Frieden mit all dem, was gerade ist, oder gibt es Bereiche, mit denen ich in Unfrieden bin?

Lösung: Wenn du in Frieden mit allem bist, dann ist das die optimale Voraussetzung dafür, dir kunterbunt zusammenzubestellen, was immer du noch erleben möchtest.

Wenn es Bereiche gibt, mit denen du in Unfrieden bist, dann ist die Paradoxie des Lebens die, daß diese Bereiche um so länger so bleiben werden, je mehr du sie nicht ausstehen kannst. Man klebt an nichts mehr als an den Dingen, die man nicht leiden kann. Man füttert diese Dinge unfreiwillig mit seiner Energie und verhilft ihnen damit zu weiterem Wachstum.

Überlege dir, wie es ist, wenn du eine Person nicht ausstehen kannst und mit ihr Zeit im selben Raum verbringen mußt. Wie viel von deiner Aufmerksamkeit und damit Energie verschleuderst du automatisch an diese Person? So ist es mit allem, was du ablehnst: Du fütterst es regelrecht mit deiner Energie.

Tue daher alles, um Frieden mit den Bereichen deines Lebens zu schließen, die du ändern möchtest. Sobald du in Frieden bist, fließt die Kraft zur Veränderung automatisch zu dir. Byron Katies „the work" kann eine Hilfe dabei sein, Frieden zu schließen, ebenso das Buch *Mary* und die Arbeit der Ellaner sowie die von Marshall Rosenberg, der uns beibringt, an erster Stelle sanft mit uns selbst zu kommunizieren.

2) Welche der folgenden Gefühle und inneren Zustände erlebst du häufig?

<u>hinderlich</u>

beleidigt sein

fordernd sein

verkrampft sein, etwas unbedingt
erzwingen wollen

sich als Opfer fühlen

mißtrauisch sein

<u>förderlich</u>

offen für Neues sein

versöhnlich gestimmt sein

flexibel sein

zulassend sein

fröhlich sein
gelassen sein
vertrauensvoll sein

Lösung: Gedanken und Gefühle erschaffen Realität. Was also pflanze und säe ich aus? Pflanze ich Brennesseln und möchte Sonnenblumen ernten? Wer Häßlichkeit sät, kann auf Dauer nicht Schönheit ernten. Erinnere dich: Du bist nicht irgendwer, du bist ein Meister im Erschaffen deiner persönlichen Realität. Es ist daher wichtig, daß DU darauf aufpaßt, was du dir erschaffst.

3) Du hast eine besonders große Änderungsbestellung für dein Leben aufgegeben, und kurz darauf machen dir alle möglichen Menschen die seltsamsten Angebote und laden dich zu ungewöhnlichen Events ein. Was tust du?

a) Ich soll ja meinem Wohlgefühl folgen, und bei Dingen, die ich nicht kenne, fühle ich mich nicht wohl, also schlage ich alle Angebote aus.

b) Mir ist zwar etwas mulmig, aber ich werde mal vorsichtig einiges davon ausprobieren und dann schauen, wie es sich anfühlt. Vielleicht ist es ja besser, als ich mir das jetzt vorstellen kann.

Lösung: Wenn du des Alten überdrüssig bist und etwas Neues bestellst, dann aber jeder Neuerung aus dem Weg gehst, dann schreibt das Universum bei dir ganz schnell in die Kartei: Läßt alle Lieferungen zurückgehen, schwieriger Fall.

Wenn du einen Schnellkurs machen willst, dann tue regelmäßig Dinge, die du bisher für verrückt, kindlich, albern oder vollkommen abnormal gehalten hast. Finde heraus, was davon dir dennoch Spaß macht, und entdekke das LEBEN wieder. Intensives Erleben läßt sich sicher nicht in einer Endloswiederholungsschleife von Altbekanntem finden.

4) Wenn du etwas beim Universum bestellst und es klappt, wem verdankst du das dann?
a) Mir selbst.
b) Dem Universum.
c) Uns beiden zusammen.

4.1) Wenn du etwas beim Universum bestellst und es klappt nicht, wer ist dann daran schuld?
a) Das Universum und das Schicksal.
b) Diese blöde Methode, die nichts taugt.
c) Ich auf keinen Fall.

Lösung: Es ist interessant, welch vielfältige Formen ein Mangel an Eigenverantwortung annehmen kann: Wenn etwas nicht klappt, liegt der Fehler beim anderen, aber wenn es klappt, dann war das mein Werk. Mit dem Gedanken: „Ich war's nicht" im Falle eines Flops erschaffst du damit gleichzeitig in dir ein Gefühl von Kraftlosigkeit und Schwäche und von „Ich kann ja sowieso nichts tun". Gerade, wenn etwas nicht sofort funktioniert, bräuchtest du aber das Gegenteil, nämlich Kraft und Stärke.

Die Entscheidung, ob du daran glauben willst, daß du deine Umstände selbst erschaffst und beeinflussen kannst oder nicht, wirst du zuerst treffen müssen. Erst dann wird sich das Ergebnis dieser Entscheidung in deinem Leben zeigen. Das Universum funktioniert nicht umgekehrt, daß es dir zuerst Beweise liefert und dann kannst du es glauben. Da ja du die Situation durch deinen Glauben erschaffst, läuft es so herum eben nicht.

Stell' dir vor, etwas klappt nicht und du bist nicht der Schöpfer deiner Realität. Dann bist du der Situation ziemlich ausgeliefert und kannst wenig tun.

Stell' dir vor, etwas klappt nicht und DU bist der Auslöser dafür. DU hast es erschaffen. Dann brauchst du nur in dir selbst nachzusehen, WOMIT du genau diese Situation erschaffen hast, und schon weißt du, nach welchen Prinzipien du Realitäten erzeugst, und kannst es ändern!

Beginne mit dem absurden Unterfangen, dich für alles verantwortlich zu fühlen, was du erlebst und was dir begegnet. Und mache dich auch für das Fehlen von Dingen und Gelegenheiten verantwortlich – aber nimm es dir trotzdem nicht übel! Sei nett und geduldig zu dir selbst, wie zu einem Kind, das gerade etwas neu lernt. Dann wird aus dir ein 1A-Besteller, der bald keine Lieferung mehr verpaßt.

5) Was ist deiner Meinung nach das Wichtigste beim Bestellen beim Universum?

a) Daß ich mittels der richtigen Technik dafür sorge, daß das Universum meine Bestellung auch hört. Wenn sie mich nicht hören, ist alles verloren. Meine Grundstimmung im Leben hat mit meiner Bestellung nichts zu tun. Es ist schließlich klar, daß ich schlecht drauf bin, solange das Bestellte noch nicht da ist.

b) Daß ich, zumindest auf lange Sicht, in der Gesamtessenz meines Seins das ausstrahle, was ich sein und haben möchte, denn dann ziehe ich dieselbe Qualität an Menschen und Situationen sowieso magnetisch an. Das äußere Leben ist ein Spiegel meines Innenlebens und zeigt mir immer dieselbe Qualität.

Manche Menschen hoffen vergebens, sie könnten ein Dauerresonanzkörper für tragische Ereignisse sein und trotzdem das Paradies geschickt bekommen. Das funktioniert aber zumindest nicht auf Dauer, sondern höchstens mal als „Mutmach-Leckerli" von oben.

Wer im Inneren nichts ändert, bestellt weiterhin unbewußt quasi „die Hölle" und hofft, daß er dennoch irgendwie „den Himmel" geliefert bekommt. Aber leider sind wir nicht nur für die positiven, sondern auch für die negativen (unbewußten, automatischen) Bestellungen verantwortlich.

Wer meint, er könne den ganzen Tag negativ drauf sein, jeden und alles im Außen beschuldigen, sich für ein armes Opfer halten, jammern und meckern, und dann brauche er nur eine Art „grünen Knopf" zu drücken, beim Universum zu bestellen und – zack – schon lebt er für alle Zeiten im Paradies, der liegt leider knapp daneben.

Aber mach' dir nichts draus: Letztlich sind alle Probleme nur die Art des Lebens, dir zu sagen, daß du endlich netter zu dir selbst sein sollst! Wenn du anfängst, das zu begreifen, ändert sich Stück für Stück sowieso alles.

6) Kannst du gut faul sein und wenn ja, auf welche Weise bist du faul?

a) Au ja, faul sein, das kann ich. Zum Beispiel hasse ich Geschirrspülen, und da ich keine Geschirrspülmaschine habe, stelle ich immer erst mal alles ins Spülbecken. Leider trocknen die Essensreste dann fest und fangen nach einer Woche zu schimmeln an. Das ist dann etwas ungünstig.

b) Also ich hasse Geschirrspülen auch. Und genau deswegen spüle ich immer alles sofort ab, damit es nicht antrocknen und noch mehr unerwünschte Arbeit machen kann. Ich habe mir so ein total geniales Abtropfregal zugelegt, in das ich die gespülten Sachen einfach nur reinzustellen brauche, und da bleiben sie dann bis zum nächsten Benutzen. Das Regal sieht nett aus, und ich spare mir sowohl das Abtrocknen als auch das Ein- und Ausräumen aus dem Schrank.

Lösung: Fällt dir ein Unterschied zwischen den beiden Antworten auf? Man kann auf effektive Weise faul sein, so daß man sich Arbeit erspart, oder man kann auf eine Weise faul sein, die einem ein Mehrfaches der ursprünglichen Arbeit zusätzlich aufhäuft. Der universelle Lieferservice kann besonders gut mit Leuten der B-Kategorie, weil es unendlich viele kreative Ideen zur praktischen Aufwandsverminderung im täglichen Leben hat. Wer mit dem Universum zusammenarbeitet, kann seine Effizienz in fast allen Lebensbereichen verdoppeln und verdreifachen, in manchen Fällen auch verzehnfachen oder noch mehr. Weniger Arbeit und trotzdem mehr erreichen, das ist doch ein gutes Geschäft! Wenn man es sich genau überlegt, basieren fast alle Erfindungen auf dieser Art von „effizienter Faulheit". Da war einer zu faul, immer alles selbst zu tragen, und erfand das Rad. Viel später war einer zu faul, lange Texte mit der Hand zu erfassen, und erfand die erste noch mechanische Schreibmaschine, und, und, und... Effizient faul sein muß man halt können.

7) Der Placebo-Effekt bedeutet, daß man beispielsweise sein Kopfweh auch mit einer Traubenzuckertablette loswerden kann, wenn man glaubt, es sei das richtige Medikament. Bist du der Typ, bei dem auch fünf echte Kopfschmerztabletten auf einmal nicht wirken, weil du davon überzeugt bist, daß du ein besonders schwerer Fall bist und daß bei dir sowieso gar nichts wirkt?

a) Nein!
b) Ja!

Lösung: Im Falle von a: Glück gehabt. Im Falle von b: Du möchtest die Kraft des Glaubens zu deinen Gunsten nutzen, aber dein gegenwärtiger Glaube ist hartnäckig gegen dich. Er glaubt noch nicht einmal den gängigen „harten physischen Fakten", sondern meint, ein noch schwierigerer Fall zu sein. Tip: Kann es sein, daß dein innerer Erzieher meint, man müsse hart zu sich selbst sein?

Mache dir eine Liste mit Ideen, wie und wo du sanft mit dir selbst umgehen kannst, und setze sie um. Ein Beispiel: Wenn du besonders ordentlich bist, dann könntest du dir ab und zu erlauben, morgens im Bett zu frühstücken und alles vollzukrümeln und mal zu testen, ob du das auch genießen kannst.

8) Du liest und hörst von Leuten, die die skurrilsten Dinge bestellen und auch noch bekommen. Du erfährst von Spontanheilungen bei Blinden und Gelähmten, die auch noch wissenschaftlich dokumentiert sind. Du gehst persönlich zu einer Hellseherin, sagst keinen Ton, setzt dich auf den Stuhl, und sie rattert dir sowohl deine momentane Lebenssituation sowie deine Familienverhältnisse und deinen Gesundheitszustand herunter. Du merkst, daß du in Momenten, in denen du etwas besonders gerne tust, von irgendwoher

zusätzliche Energie bekommst, und deine Leistungen erhöhen sich so, daß du es dir eigentlich selbst nicht erklären kannst. Du hörst und liest von superhellsichtigen Kindern, die bei verbundenen Augen mit den Füßen oder Ellbogen Texte lesen oder Bilder beschreiben können.

Dann sitzt du wieder zu Hause alleine auf dem Sofa. Was denkst du nach alledem dort so alleine über die Kräfte des Geistes und ihre Möglichkeiten?

a) Ich denke gar nichts. Ich kann das alles einfach nicht fassen und schiebe es in eine Ecke meines Gehirns, wo ich es nicht dauernd vor Augen habe.

b) Ich bin begeistert und mache Pläne, wie ich das Vorhandensein solcher Kräfte in meinen Alltag einbauen und nutzen kann.

Lösung: Ohne Kommentar.

9) Du hast etwas beim Universum bestellt, und die Lieferung läßt auf sich warten. Was tust du?

a) Jammern und maulen, weil ich doch schließlich so eine arme Sau bin.

b) Ich erinnere mich, daß jeder Mangel an Freude durch mehr Handlung ersetzt werden muß, und kümmere mich daher täglich um meine „Ent-Frustration", damit die Pakete auch den Weg zu mir finden.

c) Ich bestelle dasselbe noch mal, und zwar täglich dreimal, oder ich ändere jeden Tag ein bißchen die Formulierung und den Inhalt der Bestellung. Vielleicht lag es ja daran.

d) Ich sende eine Reklamation ans Universum und erbitte ein Zeichen, woran es denn liegt. Verpasse ich die Päckchen, weil ich zu schlecht drauf bin, oder dauert es noch etwas, weil eine besonders große Überraschung ausgearbeitet wird und genauso wie ein gutes Bier eben seine Zeit braucht?

Lösung: Hier sind zwei Antworten einer baldigen Lieferung förderlich, und zwei wirken stark verhindernd und verzögernd. Ich vermute, du weißt auch ohne weitere Hilfe längst, welche. ☺

10) Wie wählst du aus, WAS du bestellst?

a) Ich sehe mich um, was andere Leute haben und wie sie leben, und höre auf das, was sie sagen und raten. Das bestelle ich dann auch. Mein Grundbedürfnis ist, mich in jedem Fall an alle gesellschaftlichen Standards zu halten, damit ich nirgendwo anecke.

b) Meine Astrologin hat zu mir gesagt: „Immer wenn deine Lebenspläne deinen Eltern gefallen, weißt du, daß du falsch liegst und von deinem Weg abgekommen bist." Ich bestelle daher grundsätzlich das Gegenteil von dem, was alle anderen von mir erwarten.

c) Ich bestelle gemäß meinem ganz persönlichen Wohlgefühl, egal ob Hinz und Kunz dafür oder dagegen sind. Hauptsache, es ist das, was mir entspricht.

Lösung: a) ist dasselbe, als würdest du bestellen: „Hallo Universum, ich selbst bin ein armer unbedeutender Wurm. Die anderen wissen sowieso alles besser. Ich bestelle hiermit, daß alle anderen glücklich werden sollen, ich bin nicht so wichtig."

b) ist ebenso eine Strategie, sich selbst aus dem Weg zu gehen. In dem Fall lautet die unbewußte Bestellung: „Die anderen sollen sich drüber ärgern. Das ist wichtiger als die Frage, wie es mir dabei geht."

An c) erkennt man den fortgeschrittenen Besteller, der am schnellsten seine individuelle Glücksvariante zusammenbestellt und auch bekommt.

Übrigens: Bestellungen, mit denen man sich selbst unglücklich macht, dauern viel länger als solche, mit denen man sich glücklich macht!

15 Wochenplan zur Erhöhung der Intuition

Nimm dir nach dem Aufwachen täglich fünf Minuten Zeit für dich und wende die „Giraffendankbarkeit" nach Marshall Rosenberg an. Danke dir selbst und jemand anderem in Gedanken auf giraffisch, d.h. durch Erwähnung dessen, was dir gefallen hat, und durch Aufzählung deiner positiven Gefühle dabei und der dadurch erfüllten Bedürfnisse. Überlege dir, wem gegenüber du heute so eine Giraffendankbarkeit laut ausdrücken könntest.

Montag:

Nimm dir irgendwann am Tag 15 Minuten Zeit für eine kleine Entspannungsübung. Mache dir eine Liste, was du alles an dir selbst magst, und meditiere danach zehn Minuten über den Satz „Ich liebe mich selbst bedingungslos".

Dienstag:

Überlege dir heute, welche Kleinigkeiten in deinem Leben noch nicht perfekt sind. Mache Dienstag zum Tag der Erledigung lästiger Kleinigkeiten, und erstelle dir eine Liste, welche dunklen Ecken es in deinem Leben noch gibt (große Probleme haben auf dieser

Liste nichts zu suchen). Dann überlege dir, wie du in diesen dunklen Ecken entweder Licht anzünden oder wie du diese dunklen Flecken verlassen und ins Licht gehen kannst.

Dazu kann auch gehören, eine seit Jahren bestehende Kruschecke oder ein Regal in deiner Wohnung aufzuräumen, alte Fotos zu sortieren, deinen Kleiderschrank auszumisten, unerledigte Briefe zu schreiben, Auto zu putzen, den Garten zu verschönern, dir einen neuen Friseur zu suchen oder auch etwas ganz anderes. Nimm dir mindestens 30 Minuten Zeit, „Licht in kleine dunkle Ecken zu tragen", und denke dir etwas Kreatives aus.

Mittwoch:

Dieser Tag wird zum Naturtag erkoren. Die Stimme im Inneren deutlich zu hören und die Kräfte des Geistes zu nutzen bis hin zu handfesten Wunderheilungen, Hellsehen und dergleichen hat etwas mit dem Wiederentdecken unserer eigenen innersten Natur zu tun. Im Fernseher werden wir das Wunder unserer Geisteskraft nur schwerlich wiederfinden.

Nimm dir daher an diesem Tag mindestens 20 Minuten Zeit für intensive Naturbeobachtung. Ob du Bäume umarmst, an kleinen Bächen sitzt oder der Bewegung von Blättern im Wind zuschaust ist dabei völlig egal. Stelle dir vor, daß die Kraft, die das alles geschaffen hat, auch in dir steckt und daß du diese deine eigene Kraft nutzen kannst.

Donnerstag:

Au weh, heute wird ein besonders schwerer Tag. Du mußt dir nämlich selbst etwas ausdenken, das dir, deinem Wohlgefühl, deiner Energie oder deiner Intuition in irgendeiner Form gut tut. Du kannst das Universum um Hilfe bitten, dir schöne Ideen einzugeben, aber mache jeden Donnerstag zum Tag der neuen Ideen, und erfinde eine neue Übung ganz exklusiv **von dir für dich**!

Freitag:

Denke dir ein kleines Ritual für „gute Energien" aus. Fünf Minuten reichen, aber es darf auch länger sein. Erlaubt ist alles, auch das Universum zu bitten, jemandem Licht, Kraft und Energie zu senden, der es besonders braucht (nie in Gedanken die eigene Energie senden, sondern immer das Universum beauftragen!).

Du könntest auch ein positives Symbol oder deinen Lieblingskitsch, ein Stofftier oder sonst etwas an den schönsten Platz deiner Wohnung stellen, eine Duftkerze anzünden, dein Lieblingslied dazu hören und dir vorstellen, wie dieses Miniritual positive Energie verbreitet.

Samstag:

Suche dir ein Gefühl aus, das du gerne erleben möchtest. Dann setze dich ruhig hin und halte nach diesem Gefühl in dir Ausschau. Beobachte es einfach nur, egal wie klein und schwach es im Moment auch sein mag.

Da alles in allem enthalten ist und wir die Anlage zu jedem Gefühl jederzeit in uns tragen, ist auch jederzeit ein Rest von jedem Gefühl in uns vorhanden. Wenn du also gerade sehr gestresst bist, dann gibt es trotzdem noch irgendwo einen winzigen Rest des Gefühls von Ruhe in dir. Halte in der Stille Ausschau nach diesem Restgefühl von Ruhe, und beobachte es einfach nur so intensiv wie möglich.

Wenn du dich gerade beleidigt fühlst, dann beobachte das Gefühl von: „Das Universum achtet mich in liebevoller Weise" oder: „Meine Wünsche sind wichtig". Selbst wenn du denkst, du bist noch nie geachtet worden, gibt es einen Teil in dir, der mit der Gesamtheit des Lebens verbunden ist und der sich trotzdem vorstellen kann, wie es sich in etwa anfühlen würde. Und dieses Gefühl kannst du sehr intensiv beobachten.

Die Energie folgt der Aufmerksamkeit, und das, was wir beobachten, wächst.

Sonntag:

Das Wochenende bedeutet für die meisten Freizeit und Spielzeit. Also spiele und sei frei! Erinnere dich doch mal, was als Kind dein Lieblingsspiel war, und probiere es wieder einmal aus. Oder tue irgend etwas, das kein Ziel verfolgt, keine Eile hat und sich nicht lohnen muß. Nimm diese Übung ernst und mache sie wirklich. Sie ist nicht so harmlos, wie sie sich anhört!

Irgendeine Nacht einmal pro Woche (bevorzugt Sonntag nacht, wenn möglich und wettertechnisch sinnvoll):

So wie die ersten Bestellungen beim Universum besonders gut klappen, wenn man sie in den Sternenhimmel schickt, so hat jede Beobachtung des Sternenhimmels etwas Besonderes. Schau einmal pro Woche für mindestens zehn Minuten in den Sternenhimmel, und spüre, wie viel grenzenloser die Kraft des Universums ist als das, was du siehst, wenn du dich nur innerhalb deiner vier Wände umsiehst. Sauge dieses Gefühl der Grenzenlosigkeit in dich ein und bewahre es in deinem Herzen.

Wenn du ein Frühaufsteher sein solltest, dann kannst du auch einmal pro Woche irgendwo in die Natur gehen und von dort den Sonnenaufgang beobachten und dir vorstellen, wie du das Morgenlicht in deinen Körper aufnimmst und dort in allen Zellen speicherst.

Ersatzweise kann man auch einfach täglich fünf Minuten lang in eine Kerze schauen. Manche schwören auf diese einfache Methode. Auch durch die Kerzenflamme könne man Licht in sich aufnehmen, das einem die Energie zum Manifestieren gäbe.

Diese einfachen Übungen stärken allesamt deine Energie und dein Selbstvertrauen, du kommst immer mehr in ein positives Gefühl, nimmst dich selbst gerne wahr und damit auch die Intuition. Du wirst spielerischer und offener und kannst ebenso spielerisch alle ungewöhnlichen und potentiellen Gelegenheiten ergreifen, die dir das Leben anbietet.

Dadurch verpaßt du zum einen keine Lieferungen mehr, und zum anderen erhöhst du deine Energie derart, daß du außerdem ganz automatisch immer mehr zum Magneten für positive Begegnungen und Erlebnisse aller Art wirst. Und eines Tages liefert das Universum dir die Dinge, kaum daß du sie gedacht hast, und es schickt dir haufenweise angenehme und originelle Zusatzüberraschungen, auf die du von alleine gar nicht gekommen wärst. Es lohnt sich, nett zu sich selbst zu sein.

Hänge dir einen Wochenplan an den Kühl-
schrank:

TÄGLICH: fünf Minuten Giraffendankbarkeit

Montag: Meditation: Ich liebe mich
selbst bedingungslos

Dienstag: Licht in kleine dunkle
Ecken tragen

Mittwoch: Naturbeobachtungstag, ent-
decke deine Urkräfte wieder

Donnerstag: eine Übung ganz exklusiv von
dir für dich neu erfinden

Freitag: das Fünf-Minuten-Ritual für
„positive Energie".

Samstag: den Samen eines gewünschten
Gefühls in sich suchen und einfach nur beobachten.

Sonntag: Spiele und sei frei. Tue etwas,
das kein Ziel verfolgt, keine
Eile hat und sich nicht lohnen
muß.

Irgendeine Nacht einmal pro Woche:
Beobachtung des Sternenhim-
mels

16   Das Fun-Bestellformular

Da inzwischen hoffentlich jeder weiß, daß es weniger darauf ankommt, WIE man bestellt, als vielmehr darauf, zur Entgegennahme der Lieferung zur rechten Zeit am rechten Ort zu sein, ist klar, daß ein Formular für Bestellungen beim Universum natürlich eine sehr wichtige Sache ist und man auf keinen Fall einen Fehler dabei machen darf!!

Wenn man weiß, daß ich im letzten Teil des letzten Satzes Unsinn geschrieben habe, und man möchte trotzdem rein zum Spaß und nach dem Motto „schaun mer mal" ein kleines Bestellritual ausprobieren, das ich bei Vorträgen und Seminaren oft mit den Teilnehmern mache, dann kann dieses Formular dafür verwendet werden.

Bitte wie immer bei wichtigen Formularen in ordentlicher Kinderschrift schreiben, und nicht vergessen, am Ende jeder Zeile ein schönes Blümchen hinzumalen. Sonst gilt es nicht!

Vorname:
Nachname:
Geburtsdatum:
Lieferadresse: (Eine gute Eintragung an dieser Stelle wäre beispielsweise: „Immer dort,

wo ich mich gerade aufhalte." Einfach nur die Wohnungsanschrift anzugeben ist deutlich weniger geschickt.)

Platz für ein Paßfoto: (Besonders wichtig, wenn du bei Lieferadresse „Immer dort, wo ich mich gerade aufhalte" eingetragen hast – sie müssen dich ja auch erkennen!!!)

Ich bestelle folgende Artikel, Situationen oder Umstände (bitte vor dem Ausfüllen die darunter stehende Anmerkung lesen):

1)
2)
3)
4)

Anmerkung: *Du kannst zwar pro Formular vier Bestellungen eintragen, ABER hier hätte ich einen besonderen Vorschlag zu machen. Bestimmt ist dir schon aufgefallen, daß du bei deinen bisherigen erfolgreichen Bestellungen meist in einer Stimmung von locker flockiger Gelassenheit und beschwingter, kindlicher Selbstverständlichkeit oder zumindest Sorglosigkeit warst. Bei den zu reklamierenden Bestellungen, deren Auslieferung sich bisher noch verzögert, bist du meist angespannt, etwas sorgenvoll und gar nicht so locker gelassen.*

Das können wir mit einem Trick ändern, indem du bei den Bestellungen 1, 2 und 4 Dinge einträgst, von denen du total überzeugt bist, daß sie sowieso kommen. Dinge wie: „Ich bestelle, daß morgen früh die Sonne wieder aufgeht." Es spielt hier keine Rolle, ob es Sinn macht, so etwas zu bestellen oder nicht, sondern es ist ein Trick, um dein Gefühlsleben in die richtige Richtung zu dirigieren. Du stellst dir jetzt nämlich vor, du würdest tatsächlich den Sonnenaufgang bestellen, und fühlst genau in dich hinein, wie sich das anfühlt.

Wenn du so etwas derart Selbstverständliches bestellst, dann breiten sich schlagartig alle für die Bestellung gewünschten Gefühle in dir aus: Gelassenheit, Sorglosigkeit, Selbstverständlichkeit, totales Vertrauen, Gewißheit etc.

Dann schreibst du bei 2 noch eine selbstverständliche Bestellung hin und aktivierst wieder die gewünschten Gefühle dazu. Fühle genau hin, wie sich diese Gefühle in deinem Körper ausdrücken. Bei 3 kommt dann deine „echte" Bestellung, und alles, was du tun mußt, ist, sie in ordentlicher Schrift hinzuschreiben, nicht groß nachzudenken und nichts mehr in deinem Körper oder deinem Gefühlsleben zu verändern.

Damit du auch nicht womöglich aus Versehen in ein anderes Gefühl abdriftest, schreibst

*du bei 4 sofort noch eine genauso selbstver-
ständliche Bestellung hin wie bei 1 und 2 und
spürst noch einmal genau hin, wie das Vertrau-
en und die Gelassenheit sich anfühlen.*

*Auf diese Weise hast du deine Bestellung in
der optimalen Energie abgeschickt und kannst
nun auch leichter darauf vertrauen, daß du für
die Lieferung zur richtigen Zeit am richtigen
Ort sein wirst.*

Beispiel:

1) *Ich bestelle, daß morgen früh die Sonne
   wieder aufgehen wird.*
2) *Ich bestelle, daß auch nächstes Jahr das
   Gras wieder wachsen wird.*
3) *Ich bestelle mir einen neuen Job, der mir
   mehr Freiheiten ermöglicht und bei dem ich
   mich nützlicher fühle. Mehr Spaß und einen
   höheren Verdienst soll er ebenfalls bringen.*
4) *Ich bestelle, daß auch heute oder morgen
   die Bäcker wieder Brötchen (oder Semmeln,
   Weckerl, Schrippen oder was auch immer)
   im Angebot haben werden.*

*Wenn du gerne mehrere Bestellungen mit so
einem Formular aufgeben möchtest, dann kannst
du es ja kopieren und bei 1, 2 und 4 immer dieselben Bestellungen verwenden. Da du ja davon
überzeugt bist, daß sie sowieso kommen, und
du garantiert keine Zweifelsenergie hineinsendest,*

ist es auch egal, wenn du an diesen Stellen immer dasselbe bestellst.

Abschlußbestätigung:

Ich, (Name) ...., bestätige, daß ich mir sofort nach dem Absenden dieser Bestellung (egal ob bei Kerzen-, Monden- oder Sonnenschein) selbst etwas Gutes tun werde. Mir ist bekannt, daß am schnellsten diejenigen Kunden beliefert werden, die sich ganz in ihrer Mitte und eigenen Kraft befinden und in Frieden mit ihrer gegenwärtigen Situation sind.

Daher tue ich mir sofort nach der Bestellung etwas Gutes, damit ich mich in der Gegenwart wohlfühle und durch das Wohlgefühl den Weg freimache für Antworten des Universums an meine innere Stimme.

Folgendes unternehme ich für mein eigenes Wohlbefinden:

....

....

....

Datum, Unterschrift

....

Zusammenfassung

*„Vertrauen ist eine Oase im Herzen, die von
der Karawane des Denkens nie erreicht wird."*
Khalil Gibran

Das Universum nimmt jede Bestellung wahr,
weil die Welt das ist, was wir von ihr denken,
wie es uns unter anderem auch die hawaii-
anische Aloha-Philosophie lehrt. Wenn dies
so ist, dann können wir sowieso nicht verhindern, daß all unsere Gedanken und Gefühle
in einer Art kosmischem Computer registriert
und verarbeitet werden.

Die Frage ist daher meist nicht: Wie kann
ich meine Bestelltechnik verbessern? Sondern: Wie kann ich besser darin werden, die
Lieferung entgegenzunehmen? Es geht also
vorwiegend darum, besser mit seiner inneren Weisheit und seiner Intuition verbunden
zu sein, die einen zur richtigen Zeit an den
richtigen Ort führt und das Richtige tun läßt,
damit man die Lieferung nicht verpaßt. Denn
einfach nur an der Tür zu klingeln und das
Bestellte abzugeben ist etwas, was beim universellen Lieferservice zwar auch, aber eher
selten vorkommt.

Die innere Weisheit und Intuition anzukur-
beln ist nicht nur ganz leicht, sondern es ist

auch noch angenehm. Man braucht nämlich nur täglich netter zu sich selbst zu sein! Wer sich selbst mag und gerne spürt, der spürt automatisch auch die Intuition und seinen inneren Ratgeber.

Sei also einfach täglich netter zu dir selbst, meditiere mit dem Mantra „Ich liebe mich selbst bedingungslos", und die Probleme mit universellen Lieferverzögerungen haben sich bald erledigt.

Du mußt dich nicht anstrengen, um die Meisterschaft im Erschaffen deiner eigenen Realität zu erlangen, denn du hast sie schon! Du mußt nur noch dich selbst näher kennenlernen und herausfinden, wie du die Situationen herbeigezaubert hast, in denen du dich jetzt gerade befindest. Wenn du die Ursache dafür in dir selbst entdecken kannst, hast du gleichzeitig den Schlüssel in der Hand, dein Leben in Zukunft bewußter zu gestalten.

Egal, wo im Leben du stehst und wie deine Ausgangssituation ist: Das Leben hält für jeden ganz individuelle Möglichkeiten bereit, ein vollkommen glückliches Leben zu führen. Aber auch dafür ist es an erster Stelle wichtig, daß du dich selbst erkennst. Denn wenn ein Maulwurf fliegen lernen will, wird er es erstens ziemlich schwer dabei haben, und zweitens: Selbst wenn das Wunder geschieht und das Leben erfindet Paraglider für Maulwürfe, dann wirst du als Maulwurf entdecken, daß all deine Mühe umsonst war, denn das Fliegen macht dich doch nicht glücklich. Du wirst dort oben in der Luft seekrank und wünschst dich zurück auf die Erde. Wenn hingegen ein Vogel unter der Illusion leidet, unbedingt unterirdische Gänge graben zu wollen, wird er dabei auch wenig Erfüllung finden.

Genauso wenig ist es sinnvoll, sich beim Universum zu bestellen: „Ich will Primaballerina werden!" wenn man schon 60 Jahre alt ist und 100 Kilo wiegt. Wobei das Leben an sich großzügig ist, es tut nichts lieber, als uns bei unserer Selbstfindung zu unterstützen, und es freut sich über nichts mehr, als wenn einer sich selbst und seinen individuellen Weg zum Glück gefunden hat. Vielleicht liefert es dir bei so einer Bestellung einen Job als kabarettistische Primaballerina in einem Kinderzirkus, damit du überprüfen kannst, ob du dabei wirklich so glücklich bist oder ob du nicht doch noch eine Schicht tiefer in dir suchen solltest, wo dein wahres persönliches Glück liegt.

Im Grund ist das alles, was du wissen mußt:
1) Das Universum liefert alles. Lerne du, zur richtigen Zeit am richtigen Ort zu sein und die Lieferungen auch zu erkennen.

2) Du mußt dir die Meisterschaft im Gestalten deiner persönlichen Realität nicht erarbeiten, du hast sie schon. Du mußt nur noch herausfinden, wie und womit du deine Realität bisher erschaffen hast, damit du das Prinzip immer bewußter anwenden kannst.

3) Es gibt für jeden einen individuellen und manchmal sehr ungewöhnlichen Weg zu einem erfüllten, glücklichen Leben. Übe deinen innersten Kern zu erkennen und ihn wertzuschätzen.

4) Sei nett zu dir selbst (natürlich nicht im Sinne von Kaufräuschen aus Frust, die manchmal auch begründet werden mit: Ich mußte mir mal wieder etwas Gutes tun). Finde die Bedürfnisse deiner Seele heraus und erfülle sie, dann kannst du dir die Punkte 1-3 schon wieder sparen, denn deine Wünsche werden dir von ganz alleine zufallen: Weil du Glück bist, Glück ausstrahlst und Glück anziehst.

„Geringes Wissen, das tatkräftig angewendet wird,
ist unendlich mehr wert als großes Wissen, das brachliegt."

Khalil Gibran

Schlußwort

„Zu seinen wahren Kräften findet man nur,
wenn man sich mit seiner Seele und nicht mit
seinem Verstand identifiziert."
Heiliger Johannes vom Kreuze (1542-1591)

Da ich das Äußere aus meinem Inneren heraus erschaffe, muß ich zuerst etwas in meinem Inneren ändern, wenn mir im Außen etwas nicht gefällt.

Um eine exzellente Empfangsstation für universelle Inspirationen und Lieferungen zu werden, reicht es aus, mich ganz um meine „Ent-Frustration" zu kümmern. Denn wenn ich in meinem Leben etwas geändert haben möchte, dann muß jeder Mangel an Freude durch mehr Handlung ersetzt werden!

Ich bin zuständig für die Pflege und Wartung meiner Empfangsstation, aber nicht dafür, daß der Sender ordentlich sendet.

In Freude und Offenheit kommen die Gelegenheiten zu mir. In dumpfem Trübsinn muß ich die Gelegenheiten suchen gehen. Und je trübsinniger und selbstmitleidiger ich bin, desto eiliger haben die Gelegenheiten es außerdem, sich besonders gut vor mir zu verstecken.

Wenn du mal nicht mehr weiter weißt, dann erinnere dich, daß dir am Ende des Wissens immer noch der Anfang des Fühlens offensteht. Dahinter liegen tausendmal mehr Wissen und Möglichkeiten, als nur der rationale Verstand sie bietet.

„Glücklicherweise ist es nicht notwendig, das Gesetz zu kennen oder gar vollständig zu verstehen, um es anzuwenden, ebenso wenig wie es notwendig ist, das Gesetz zu kennen, durch das die Strahlen der Sonne auf die Erde gelangen, damit Sie sich an ihnen erfreuen können."

Botschaft eines Meisters von *John McDonald*

Anhang

Sollten sich Änderungen ergeben, so werden diese auf **Bärbels Homepage www.baerbelmohr.de**
unter „Fragen & Co" und dort wiederum unter
„Adressänderungen zu den Büchern" aufgelistet.

Das Herrchen von Zeetah, Dipl.-Psych. Eckehard
Rechlin, ist Gründer und Leiter der Hamburger
Erfolgsschmieden. Dort lehrt er Effektivität
durch Kooperation. Geschäftspartner auszuboo-
ten, Mitmenschen in den Rücken zu fallen oder
persönliche Ziele verbissen zu verfolgen ist alles völlig out, denn mit Freude und persönli-
cher Erfüllung kommt man heutzutage besser
und nachhaltiger zum Ziel. Dazu, ist Eckehard
Rechlin überzeugt, bietet er die besten Strategi-
en der Welt an. Nähere Infos unter Tel. 040-
6470483, Fax 040-64862226 oder Internet:
www.erfolgsschmieden.de

Pir Vilayat Inayat Khan
Internationaler Sufi-Orden, Sekretariat Deutschland
c/o Dr. K.P. Jabir Dostal
Otto-Adam-Str. 14, 04157 Leipzig
Tel. 0341-5641638, Fax: 0341-9117987,
www.sufiorden.de

Retreats mit Weisheitslehren und Meditationen von Pir sind dazu da, innerlich zur Ruhe zu kommen, um die innere Stimme aus der Stille heraus wieder besser vernehmen zu können. Für Unruhegeister und Menschen, die mehr äußere Aktion erleben möchte, sind sie sicher weniger geeignet.

Von **Mikhael Aivanhov** gibt es einen ganzen Stapel interessanter Bücher. Es ist fast egal, welches man liest, weil seine Lehre auf jeden Fall interessant ist.

Der **Auriculo Cardiale Reflex-Test** wird durchgeführt von der Heilpraktikerin Sybille Schraml, Germaniastr. 10, 80805 München, Tel. 089-33089158.

Gewaltfreie Kommunikation

verbessert sehr stark die Qualität und den Frieden mit unserer Gegenwart. Besonders wichtig ist dabei die Methode, sich auf giraffisch zu bedanken, nicht nur bei anderen, sondern auch bei sich selbst!

Marshall Rosenbergs Buch *Gewaltfreie Kommunikation* mit vielen Beispielen ist auf deutsch im Frühjahr 2001 im Junfermann Verlag erschienen.

Marshall kommt auch in Bärbels Video vor. Siehe Extraseite zum Video ganz hinten im Buch.

Kontakt Marshall Rosenberg, Unterlagen und Seminare:

Isolde Teschner
Pienzenauerstr. 50, 81679 München
Tel: +49-89-980-649, Fax: +49-89-98-10-8261
E-mail: Teschmue@aol.com
Internet: www.cnvc.org (cnvc = center for nonviolent communication).

Byron Katies „the work"

Aus dem Frieden mit dem IST heraus erwächst die Kraft zur Veränderung. Man klebt an nichts mehr als an dem, was man verurteilt. Byron Katie hat deshalb eine sehr schlichte Fragetechnik entwickelt, mit der wir den Verstand zur Ruhe bringen können, damit die Seele den Weg in ihr persönliches Glück leichter und schneller finden kann. Zum Reinschnuppern ist das Buch von Moritz Boerner, *Byron Katies the work*, mit vielen Fallbeispielen sehr geeignet. Byron Katie selbst gibt Seminare auf Spendenbasis, und wer gerne zu einer Einzelberatung bei einem ausgebildeten Therapeuten für „the work" gehen möchte, führt am besten zunächst ein Vorgespräch und fühlt in sich hinein, ob er sich mit dem jeweiligen Therapeuten auch so richtig von Herzen wohlfühlt. Infos unter:
www.thework.com oder www.moritzboerner.de oder

The Work of Byron Katie,
Scheffelweg 2, D-79312 Emmendingen,
Tel. 07641-572695, Fax 07641-572696.

Für alle anderen europäischen Länder gilt die Email-Adresse euro@thework.org

Mary von Ella Kensington

(Hinweis für alte *Mary*-Fans: Das Autorenpseudonym ist neu)

Mein bereits vielen bekannter Lieblingstip zum Glücklichsein. In diesem Buch kommt das Wesen Mary zur Erde und möchte gerne lernen, wie man ein Problem hat. Allerdings findet sie nur ein Problem: Sie kapiert nicht, wie die Menschen es machen, so ein tolles, aufregendes Problem zu haben, das sie so gerne auch mal erleben möchte. Aber sie findet keins. Statt dessen lösen sich im Kontakt mit ihr die Probleme der anderen auf.

Das Buch kann per Versand bestellt werden bei: Günter Vaas, Tel. 08091-563871, Fax 563872

Weitere Buchtips:

Immer noch ich. Mein zweites Leben von Christopher Reeve, Schneekluth-Verlag

Autobiographie des Superman-Darstellers, der trotz Querschnittslähmung nach einem Reitunfall die Lust am Leben nicht verloren hat.

Der Quantenmensch von Michael Murphy, Integral-Verlag

Dieses Buch bietet auf circa 800 Seiten (200 davon sind Quellenangaben) bestens recherchierte und sehr umfassende Beispiele zu den transformatorischen Kräften des Geistes aus fast allen Gebieten.

Nutze die täglichen Wunder von Bärbel Mohr befaßt sich ebenfalls mit dem, was man mit geistigen Kräften auf den verschiedensten Gebieten erreichen kann. Es ist allerdings wesentlich einfacher gehalten und weniger umfassend als *Der Quantenmensch*.

Da die Informationen aus alten Sammlungen aus der Zeitschrift *Sonnenwind* stammen und ansonsten anhand von Informationen des Koha-Verlages recherchiert wurden, ist das Buch auch dort erschienen.

Der Isaiah-Effekt von Gregg Braden befaßt sich mit der Kraft des Gebetes. Die Menschen erreichen damit ähnliches wie mit den Bestellungen beim Universum, nur daß sie es ganz anders machen.

Vernetzte Intelligenz – die Natur geht online von Grazyna Fosar und Franz Bludorf, stellt Gruppenbewußtsein, Genetik und Gravitation in einem bisher kaum bekannten, hochinteressanten Zusammenhang dar. Das Buch enthält außerdem Bestätigungen für die Wirksamkeit von „Bestellungen beim Universum".

Abenteuer Business von Isabella Sonntag und Ralf Nemeczek ist wohl das verrückteste und inspirierendste Business-Buch, das 2001 auf den Markt gekommen ist. Jenseits des positiven Denkens und aller Erfolgsregeln unterstützt es den Leser, die Freude und die eigenen Talente im Business zu entdecken. Als erstes muß man nämlich, genau wie bei den „Bestellungen beim Universum", sich selbst voll und ganz entdecken, bevor man auch den richtigen Weg zum Erfolg für sich entdecken kann. Das Buch ist außerdem ein ästhetisch-kreatives Wunder. Jede Doppelseite ist ein „wildes Kunstwerk" für sich. Siehe auch www.abenteuer-business.de oder WU WEI Verlag OHG, Tel.: 08192-934192, Fax: 08192-934257

Bärbel Mohr online

- kostenloses Online-Magazin
- Vortrags- und Seminartermine
- Bücher, Video, Fragen & Antw.
- Leserberichte zu den
  Bestellungen beim Universum
- Gewinnaktion für alle
  »Besteller«
- Gemeinsame Weltbestellung
- Forum
- Links zu »Seelenpartner- und
  Kleinanzeigen gratis«

www.baerbelmohr.de